中华人民共和国推荐性行业标准

盐渍土地区公路路基设计与施工技术细则

Technical Guidelines for Design and Construction of Highway Subgrade in Saline Soil Region

JTG/T 3331-08—2022

主编单位：中交第一公路勘察设计研究院有限公司
批准部门：中华人民共和国交通运输部
实施日期：2023 年 03 月 01 日

人民交通出版社股份有限公司
北　京

律师声明

本书所有文字、数据、图像、版式设计、插图等均受中华人民共和国宪法和著作权法保护。未经人民交通出版社股份有限公司同意，任何单位、组织、个人不得以任何方式对本作品进行全部或局部的复制、转载、出版或变相出版。

本书封面贴有配数字资源的正版图书二维码，扉页前加印有人民交通出版社股份有限公司专用防伪纸。任何侵犯本书权益的行为，人民交通出版社股份有限公司将依法追究其法律责任。

有奖举报电话：（010）85285150

北京市星河律师事务所
2020 年 6 月 30 日

图书在版编目（CIP）数据

盐渍土地区公路路基设计与施工技术细则：JTG/T 3331-08—2022 / 中交第一公路勘察设计研究院有限公司主编． — 北京：人民交通出版社股份有限公司，2023.1
ISBN 978-7-114-18515-1

Ⅰ．①盐… Ⅱ．①中… Ⅲ．①盐渍土地区—公路路基—设计—细则—中国②盐渍土地区—公路路基—工程施工—细则—中国　Ⅳ．①U416.1

中国国家版本馆 CIP 数据核字（2023）第 001866 号

标准类型：**中华人民共和国推荐性行业标准**
标准名称：**盐渍土地区公路路基设计与施工技术细则**
标准编号：**JTG/T 3331-08—2022**
主编单位：**中交第一公路勘察设计研究院有限公司**
责任编辑：李　沛
责任校对：孙国靖　宋佳时
责任印制：张　凯
出版发行：人民交通出版社股份有限公司
地　　址：(100011) 北京市朝阳区安定门外外馆斜街 3 号
网　　址：http://www.ccpcl.com.cn
销售电话：(010) 59757973
总 经 销：人民交通出版社股份有限公司发行部
经　　销：各地新华书店
印　　刷：北京市密东印刷有限公司
开　　本：880×1230　1/16
印　　张：5
字　　数：104 千
版　　次：2023 年 1 月　第 1 版
印　　次：2023 年 1 月　第 1 次印刷
书　　号：ISBN 978-7-114-18515-1
定　　价：60.00 元

（有印刷、装订质量问题的图书，由本公司负责调换）

中华人民共和国交通运输部

公 告

第 66 号

交通运输部关于发布《盐渍土地区公路路基设计与施工技术细则》的公告

现发布《盐渍土地区公路路基设计与施工技术细则》(JTG/T 3331-08—2022)，作为公路工程推荐性行业标准，自2023年3月1日起施行。

《盐渍土地区公路路基设计与施工技术细则》(JTG/T 3331-08—2022) 的管理权和解释权归交通运输部，日常管理和解释工作由主编单位中交第一公路勘察设计研究院有限公司负责。

请各有关单位注意在实践中总结经验，及时将发现的问题和修改建议函告中交第一公路勘察设计研究院有限公司（地址：陕西省西安市高新区科技四路205号，邮政编码：710065）。

特此公告。

中华人民共和国交通运输部

2022 年 11 月 17 日

交通运输部办公厅　　　　　　　　　　　　　　2022 年 11 月 18 日印发

前　言

根据《交通运输部关于下达2016年度公路工程行业标准制修订项目计划的通知》（交公路函〔2016〕234号）的要求，由中交第一公路勘察设计研究院有限公司作为主编单位，承担《盐渍土地区公路路基设计与施工技术细则》（JTG/T 3331-8—2022）（以下简称"本细则"）的制定工作。

制定过程中，编制组对全国盐渍土地区已建和在建公路工程开展了广泛的技术调研，全面总结并充分吸收了国内外盐渍土地区公路建设的科研成果、技术资料及工程经验，广泛征求了行业内有关单位和专家的意见和建议，最终完成了本细则的编制工作。

本细则共分7章和6个附录，主要内容包括：1 总则，2 术语和符号，3 工程地质勘察，4 地基与基础处理，5 路基设计，6 路基施工，7 路基拓宽改建，附录A 盐渍土易溶盐含量测定方法，附录B 盐渍土溶陷系数浸水载荷试验方法，附录C 盐渍土溶陷系数压缩试验方法，附录D 盐渍土溶陷系数密度试验方法，附录E 盐渍土盐胀系数试坑观测试验方法，附录F 盐渍土盐胀系数路段观测试验方法。

本细则由张留俊负责起草第1、2章；刘晓负责起草第3章；张留俊、房建宏负责起草第4章；刘军勇、张发如负责起草第5章；毛爱民、崔红兵负责起草第6章；尹利华、高江平负责起草第7章；张留俊、赵永国、高江平负责起草附录A、B、C、D、E、F。

请各有关单位在执行过程中，将发现的问题和意见，函告本细则日常管理组，联系人：张留俊（地址：陕西省西安市高新区科技四路205号，邮编：710065，电话：029-81772786，传真：029-81772786，电子邮箱：BZXD@ccroad.com.cn），以便修订时参考。

主 编 单 位：中交第一公路勘察设计研究院有限公司
参 编 单 位：青海省交通科学研究院
　　　　　　　新疆交通规划勘察设计研究院有限公司
　　　　　　　内蒙古交通设计研究院有限责任公司
　　　　　　　长安大学

主　　　　编：张留俊
主要参编人员：刘　晓　刘军勇　张发如　房建宏　毛爱民　尹利华
　　　　　　　崔红兵　高江平　赵永国

主　　　　审：吴万平
参与审查人员：于　光　邓卫东　杨成斌　刘元炜　赵春发　吴立坚
　　　　　　　沈　毅　丁　冰　马占伏　辛国树　李群善　周凤玺
　　　　　　　张生辉

参 加 单 位：陕西省公路交通防灾减灾重点实验室
　　　　　　　巴彦淖尔市交通运输局
　　　　　　　西安中交公路岩土工程有限责任公司

参 加 人 员：裘友强　曹松傑　程小强　赵昌捷

目　次

1 总则 …………………………………………………………………………… 1
2 术语和符号 …………………………………………………………………… 2
　2.1 术语 ……………………………………………………………………… 2
　2.2 符号 ……………………………………………………………………… 3
3 工程地质勘察 ………………………………………………………………… 4
　3.1 一般规定 ………………………………………………………………… 4
　3.2 工程地质调绘、勘探与测试 …………………………………………… 6
　3.3 溶陷性评价 ……………………………………………………………… 8
　3.4 盐胀性评价 ……………………………………………………………… 9
　3.5 腐蚀性评价 ……………………………………………………………… 10
　3.6 预可勘察 ………………………………………………………………… 11
　3.7 工可勘察 ………………………………………………………………… 11
　3.8 初步勘察 ………………………………………………………………… 12
　3.9 详细勘察 ………………………………………………………………… 14
　3.10 拓宽改建工程地质勘察 ……………………………………………… 15
4 地基与基础处理 ……………………………………………………………… 17
　4.1 一般规定 ………………………………………………………………… 17
　4.2 换填法 …………………………………………………………………… 20
　4.3 冲击碾压法 ……………………………………………………………… 21
　4.4 强夯法和强夯置换法 …………………………………………………… 22
　4.5 预压法 …………………………………………………………………… 25
　4.6 粒料桩法 ………………………………………………………………… 27
　4.7 构造物基础防腐蚀处理 ………………………………………………… 29
5 路基设计 ……………………………………………………………………… 33
　5.1 一般规定 ………………………………………………………………… 33
　5.2 路基结构设计 …………………………………………………………… 34
　5.3 路基填料设计 …………………………………………………………… 39
　5.4 路基防护与支挡设计 …………………………………………………… 41
　5.5 路基排水设计 …………………………………………………………… 42
6 路基施工 ……………………………………………………………………… 44
　6.1 一般规定 ………………………………………………………………… 44

6.2 路基填筑	45
6.3 隔断层施工	47
6.4 路基防护与支挡工程施工	48
6.5 排水工程施工	50
6.6 路基监测	50
7 路基拓宽改建	54
7.1 一般规定	54
7.2 既有路基状况调查与评价	54
7.3 既有路基病害处理	55
7.4 路基拓宽设计	57
7.5 路基拓宽施工	58
7.6 拓宽改建路基排水	59
附录 A 盐渍土易溶盐含量测定方法	60
附录 B 盐渍土溶陷系数浸水载荷试验方法	62
附录 C 盐渍土溶陷系数压缩试验方法	64
附录 D 盐渍土溶陷系数密度试验方法	66
附录 E 盐渍土盐胀系数试坑观测试验方法	68
附录 F 盐渍土盐胀系数路段观测试验方法	70
本细则用词用语说明	72

1 总则

1.0.1 为规范盐渍土地区公路路基设计与施工，提高盐渍土地区公路路基工程建设质量，制定本细则。

1.0.2 本细则适用于盐渍土地区各等级公路新建和改扩建工程路基设计与施工。

1.0.3 盐渍土地区公路路基设计与施工，应遵循技术可靠、经济合理、因地制宜、保护环境的原则。

1.0.4 盐渍土地区公路路基设计与施工，应符合国家和行业在安全生产方面的有关规定，采取有效的安全生产措施，保证人员和设施安全。

1.0.5 盐渍土地区公路路基设计与施工，应贯彻国家有关技术经济政策，积极稳妥地采用新技术、新材料、新设备、新工艺。

1.0.6 盐渍土地区公路路基设计与施工除应符合本细则的规定外，尚应符合国家和行业现行有关标准的规定。

2 术语和符号

2.1 术语

2.1.1 盐渍土 saline soil
易溶盐含量大于或等于0.3%且小于20%的土。

2.1.2 岩盐 rock salt
易溶盐含量大于或等于20%的土。

2.1.3 次生盐渍化 secondary salinization
由地下毛细管水挟盐迁移，或因降雨与蒸发，以及人类活动等因素引起的土中盐分聚集的过程。

2.1.4 盐渍土地基 saline soil foundation
主要受力层含有盐渍土层的地基。

2.1.5 盐渍土场地 saline soil field
位于盐渍土地基或盐渍化环境的建筑场地。

2.1.6 盐渍土路基 saline soil embankment
采用盐渍土填筑的路堤。

2.1.7 干涸盐湖 playa
在强烈蒸发作用下，干旱封闭盆地内的湖水逐渐减少、变浅甚至干涸而形成的咸水湖泊。

2.1.8 饱和卤水 saturated brine
卤水经过蒸发浓缩，密度达到 $1\,199.5 \sim 1\,209.6\,kg/m^3$ 时的水溶液。

2.1.9 易溶盐 soluble salt
易溶于水的盐类，主要指氯盐、碳酸钠、碳酸氢钠、硫酸钠、硫酸镁等。

2.1.10 盐溶　salting hole

低矿化度水进入盐渍土层产生溶蚀作用，形成形态各异洞穴的地质现象。

2.1.11 溶陷　collapsibility

水对土中易溶盐溶解和迁移作用所产生的土体沉陷现象。

2.1.12 溶陷系数　coefficient of collapsibility

单位厚度盐渍土的溶陷量。

2.1.13 盐胀　salt expansion

盐渍土随温度或含水率变化而发生的体积往复变化现象。

2.1.14 盐胀系数　coefficient of salt expansion

单位厚度盐渍土的盐胀量。

2.1.15 隔断层　separation layer

隔断毛细管水运移的路基结构层。

2.2 符号

C——硫酸钠含量；
D——冲击碾压有效加固深度；
d——有效盐胀区深度；
d_{85}——土的特征粒径；
h——浸润深度；
O_{95}——土工织物等效孔径；
s——总溶陷量；
w_{opt}——最佳含水率；
z——总盐胀量；
δ——溶陷系数；
$\bar{\delta}$——平均溶陷系数；
η——盐胀系数；
$\bar{\eta}$——平均盐胀系数。

3 工程地质勘察

3.1 一般规定

3.1.1 工程地质勘察应在收集沿线自然条件、盐渍土分布、盐渍化病害治理经验等资料的基础上，采用地质调绘、物探、挖探、钻探、原位测试等综合勘探试验方法，查明沿线盐渍土的含盐性质、含盐量、分布范围、成因、地下水及地表水特征等，评价盐渍土的溶陷性、盐胀性及腐蚀性，为路基设计与施工提供依据。

3.1.2 盐渍土可根据含盐性质和含盐量分别按表3.1.2-1和表3.1.2-2进行分类。各项离子含量及易溶盐总量应按本细则附录A规定的方法测定。

表 3.1.2-1 盐渍土按含盐性质分类

盐渍土名称	$\dfrac{c(Cl^-)}{2c(SO_4^{2-})}$	$\dfrac{2c(CO_3^{2-})+c(HCO_3^-)}{c(Cl^-)+2c(SO_4^{2-})}$
氯盐渍土	>2.0	—
亚氯盐渍土	>1.0，≤2.0	—
亚硫酸盐渍土	>0.3，≤1.0	—
硫酸盐渍土	≤0.3	—
碳酸盐渍土	—	>0.3

注：$c(Cl^-)$、$c(SO_4^{2-})$、$c(CO_3^{2-})$、$c(HCO_3^-)$ 分别表示氯离子、硫酸根离子、碳酸根离子、碳酸氢根离子在1kg土中所含毫摩尔数，单位为mmol/kg。

表 3.1.2-2 盐渍土按含盐量分类

盐渍土名称	土层的平均含盐量（%）					
	细粒土			粗粒土		
	氯盐渍土及亚氯盐渍土	硫酸盐渍土及亚硫酸盐渍土	碳酸盐渍土	氯盐渍土及亚氯盐渍土	硫酸盐渍土及亚硫酸盐渍土	碳酸盐渍土
弱盐渍土	≥0.3，<1.0	≥0.3，<0.5	≥0.3，<0.5	≥2.0，<5.0	≥0.5，<1.5	≥0.5，<1.0
中盐渍土	≥1.0，<5.0	≥0.5，<2.0	≥0.5，<1.0	≥5.0，<8.0	≥1.5，<3.0	≥1.0，<2.0
强盐渍土	≥5.0，<8.0	≥2.0，<5.0	≥1.0，<2.0	≥8.0，<10.0	≥3.0，<6.0	≥2.0，<3.0
过盐渍土	≥8.0	≥5.0	≥2.0	≥10.0	≥6.0	≥3.0

3.1.3 盐渍土场地类型可根据地基土含盐量、地貌单元、工程地质条件等因素，按表 3.1.3 进行划分。

表 3.1.3 盐渍土场地类型划分

场地类型	场地特征
简单场地	①平均含盐量为弱盐渍土；②地貌单元单一，地形坡度小于10°；③无不良地质发育，无其他特殊性岩土；④水文和水文地质条件简单；⑤气候环境条件稳定
较复杂场地	①平均含盐量为中盐渍土；②地貌单元两三种，地形坡度10°~20°；③有不良地质发育或有其他特殊性岩土；④水文和水文地质条件可预测；⑤气候条件、环境条件单向变化
复杂场地	①平均含盐量为强或过盐渍土；②地貌单元三种以上，地形坡度大于20°；③有不良地质发育或有其他特殊性岩土；④水文和水文地质条件复杂；⑤气候条件多变，正处于积盐或退盐期

注：场地类型划分应从复杂向简单推定，以最先满足者为准；较复杂场地与复杂场地满足相应的单个或多个条件均可，而简单场地则应满足全部条件。

3.1.4 工程地质勘察可分为预可勘察、工可勘察、初步勘察和详细勘察四个阶段。在地质条件复杂，或有特殊要求的项目和工点，可进行专项勘察；在地质条件简单，或有工程经验的地区，可根据设计需要合并勘察阶段。

3.1.5 工程地质勘察应包括下列主要内容：
1 地貌类型、地表形态特征、当地气候环境条件。
2 地表盐霜、盐晶、盐壳、蓬松等盐渍化特征的范围及发育程度等。
3 场地及附近盐渍土地表植被种属、发育程度及分布特点。
4 盐渍土类型、成因、分布及发育规律。
5 地表水类型、分布、径流条件、水位及变化幅度；地下水类型、埋藏条件、水质、补给、径流及排泄条件、水位及其季节性变化幅度；毛细管水上升高度及季节性变化规律。
6 最大冻结深度（或有害冻胀深度）和蒸发强烈影响深度。
7 既有公路和其他建筑物使用情况，溶陷、盐胀、腐蚀等病害及其处理措施。

条文说明

盐渍土的地表形态特征与盐渍土含盐性质和含盐量有关，通过地表调查，能大致判断盐渍土的分布情况。有氯盐渍土分布的地表，常结有几厘米至几十厘米厚的褐黄色坚硬盐壳，地表高低不平、波浪起伏，脚踏上咔嚓咔嚓作响。有硫酸盐渍土分布的地表，因盐胀作用，形成厚约3~5cm的白色疏松层，似海绵，踏之有陷入感。白色粉末或球粒有苦涩味。有碳酸盐渍土（碱性盐渍土）分布的地表，常有白色的盐霜或结块，厚度仅几毫米，结块背面一般有大量小孔，白色粉末有咸味。地表很少生长植物，干燥时龟裂，潮湿时则泥泞不堪。

盐渍土地区的植物生长和分布，与盐渍土含盐性质和含盐量、地下水位深度及矿化度等密切相关。利用指示性盐生植物的特点，对查明盐渍土的分布规律、地下水的赋存条件、矿化度等都很有帮助，可节省勘探、试验工作量，收到事半功倍的效果。

地表水所挟带的盐分受流经的地层控制，其排泄和积聚情况决定了盐渍土的沉积位置和厚度。地下水所含盐分决定盐渍土的含盐成分，同时地下水矿化度越高，向土层输送的盐分越多；地下水的埋深、变化幅度与盐分的积聚有密切关系，地下水位越高，蒸发越强，土层的积盐也越强；毛细水上升会挟带盐分上升，为上部地层提供盐分，使土层的积盐发生变化。

3.1.6 各类勘探点、测试点和观测点的布置位置和数量，应满足查明各地质体界限及工程地质特性的要求，其间距、深度应根据勘察阶段技术要求、盐渍土场地工程地质条件等确定。

3.1.7 盐渍化软土地基的工程地质勘察应符合现行《公路软土地基路堤设计与施工技术细则》（JTG/T D31-02）的有关规定。

3.1.8 盐渍土路段工程地质勘察报告可单独编写，也可在全线或工点工程地质勘察报告中分段叙述。

3.2 工程地质调绘、勘探与测试

3.2.1 工程地质调绘应按下列规定进行：

1 应充分收集、分析勘察区既有地质资料，结合遥感工程地质解译、简易勘探等手段进行调绘。

2 应沿路线及其两侧的带状范围进行调绘，调绘宽度应满足工程方案比选及工程地质分析评价的要求。

3 应在地层界线、盐霜、盐壳、龟裂、蓬松等发育地带，井、泉、湿地等出露部位，受盐渍土化学腐蚀破坏的建筑物等位置布设工程地质调绘点。

4 应选择代表性地貌地质单元布置挖探点，采取盐渍土样品，测试其含盐性质及含盐量。

5 工程地质调绘应提交文字说明、工程地质平面图、综合地层柱状图、工程地质断面图、照片，以及相关调查图表等。

3.2.2 盐渍土勘探深度应根据盐渍土层的厚度、路堤及挡土墙等小型构造物荷载大小等因素综合确定，以揭穿盐渍土层或至地下水位以下 2~3m 为宜，并应符合下列规定：

1 路基工程的勘探深度不应小于5m。
2 挡土墙等小型构造物的勘探深度应满足基础设计的要求。
3 取土场的勘探深度不应小于可用土层层底深度。

3.2.3 盐渍土勘探取样宜在干旱季节进行，并应符合下列规定：
1 测定盐渍土含盐量的土样应沿垂直剖面逐段连续采集，从地表向下1m，分别在0~0.05m，0.05~0.25m，0.25~0.50m，0.50~0.75m，0.75~1.00m等深度分层取样。地下水位埋深小于1m时应取至地下水位；地下水位埋深大于1m时，应加大取样深度，在1m深度以下可每隔0.5~1.0m取一组土样，直至地下水位。
2 采取黏质土和粉质土的不扰动土样，应从地表下0.3m处开始，取样间距在深度小于10m时应为1.0~1.5m；在深度大于10m时不应大于2.0m。
3 土层有明显变化处应加密取样。

条文说明

盐渍土的含盐量具有周期性积聚或淋溶的变化特点，干旱季节地面蒸发量大时盐分向地表积聚沉淀，雨季地表水量充沛时盐分被冲淋溶解下渗或流失。因此，盐渍土取样在干旱季节比较合适。

尽管盐渍土具有表聚性，但在不少情况下1.0m以下土层中的含盐量仍然较高，当需要查明盐渍土的分布深度和确定可利用土层的厚度时，需加大取土深度，直至地下水位。

3.2.4 当盐渍土场地有地表水或勘探深度范围内有地下水时，应分别采集水试样，进行水质分析。

3.2.5 盐渍土试验项目可按表3.2.5选用。试验方法应符合现行《公路土工试验规程》（JTG 3430）及本细则有关附录的规定。

表3.2.5 盐渍土试验项目

试 验 项 目	必 做 项 目	选 做 项 目	备 注
颗粒分析	√		
天然含水率 w（％）	√		
天然密度 ρ（kg/m³）	√		
液限 w_L（％）	√		
塑限 w_P（％）	√		
抗剪强度 c（MPa）、φ（°）	√		盐渍化软土
压缩系数 α（MPa^{-1}）、压缩模量 E_s（MPa）	√		盐渍化软土

续表 3.2.5

试验项目	必做项目	选做项目	备注
易溶盐含量（%）	√		
溶陷系数 δ	√		
盐胀系数 η	√		
毛细管水上升高度（m）		√	
水质分析	√		

3.3 溶陷性评价

3.3.1 当盐渍土符合下列条件之一时，可不考虑溶陷性对路基和小型构造物的影响：

1 砾类土、砂类土及粉质土盐渍土为饱和状态，黏质土盐渍土为软塑～流塑状态，且工程的使用环境条件不变；

2 砾类土盐渍土洗盐后粒径大于 2mm 的颗粒含量超过总质量的 70%，且土层中不含层状或团块状结晶盐。

条文说明

砾类土是指粒径大于 2mm 的颗粒质量占总质量的 50% 以上的土；砂类土是指粒径大于 2mm 的颗粒质量不超过总质量的 50%，且粒径大于 0.075mm 的颗粒质量超过总质量 50% 的土；粉质土是指粒径大于 0.075mm 的颗粒质量不超过总质量的 50%，且塑性指数小于或等于 10 的土；黏质土是指粒径大于 0.075mm 的颗粒质量不超过总质量的 50%，且塑性指数大于 10 的土。塑性指数由 76g 锥测定的 10mm 液限计算。

3.3.2 初步判别为溶陷性的土应测定其溶陷系数。溶陷系数可按下列方法测定：

1 盐渍土地基，可按本细则附录 B 规定的浸水载荷试验方法现场测定。

2 不扰动、形状规整的细粒盐渍土样品，可按本细则附录 C 规定的压缩试验方法室内测定。

3 不扰动、形状不规整的砂类土及粉质土盐渍土样品，可按本细则附录 D 规定的密度试验方法室内测定。

3.3.3 盐渍土溶陷程度应根据溶陷系数按表 3.3.3 进行划分。溶陷系数小于 0.01 的盐渍土可定为非溶陷性盐渍土。

表 3.3.3 盐渍土溶陷程度

溶陷系数 δ	$0.01 \leq \delta \leq 0.03$	$0.03 < \delta \leq 0.05$	$\delta > 0.05$
溶陷程度	轻微	中等	强烈

3.3.4 盐渍土地基总溶陷量 s 宜按本细则附录 B 的方法现场测定，初步设计时可按式（3.3.4）计算，计算深度宜控制在地表以下 4.5～5.5m 范围内。

$$s = \sum_{i=1}^{n} \delta_i h_i \tag{3.3.4}$$

式中：δ_i——室内试验测定的第 i 层土的溶陷系数；

h_i——第 i 层土的厚度（mm）；

n——计算深度内溶陷系数大于或等于 0.01 的土层分层数。

条文说明

地基土的溶陷与土层的含盐性质、含盐量、浸水条件等有关，由于盐渍土具有表聚性，含盐量高的土层主要在地表以下 1m 深度范围内，而土层浸水后产生溶陷的深度对于细粒土大约为地表以下 4.5m，对于粗粒土大约为地表以下 5.5m，因此总溶陷量计算的深度一般可以控制在地表以下 4.5～5.5m 范围内。

3.3.5 盐渍土地基溶陷等级应根据总溶陷量按表 3.3.5 判定。

表 3.3.5 盐渍土地基溶陷等级

总溶陷量 s（mm）	70≤s≤150	150<s≤400	s>400
溶陷等级	Ⅰ级（弱溶陷）	Ⅱ级（中溶陷）	Ⅲ级（强溶陷）

3.3.6 高速公路、一级公路计算的总溶陷量判定地基溶陷等级为Ⅱ级、Ⅲ级时，宜进行现场浸水载荷试验测定总溶陷量，并取两者中的较大值。

3.4 盐胀性评价

3.4.1 当盐渍土中硫酸钠含量小于 1%，且工程的使用环境条件不变时，可不计盐胀性对路基和小型构造物的影响。

条文说明

目前对于盐渍土中硫酸钠含量的测定无直接的试验方法，一般是根据所测易溶盐离子含量按照成盐计算的方法确定。

3.4.2 初步判别为盐胀性的土应测定其盐胀系数，盐胀系数可按下列方法测定：
1 盐渍土地基，可按本细则附录 E 规定的试坑观测试验方法现场测定。
2 既有公路路基，可按本细则附录 F 规定的路段观测试验方法现场测定。
3 盐渍土样品，可按现行《公路土工试验规程》（JTG 3430）中的试验方法 T 0195 测定。

3.4.3 盐渍土盐胀程度应根据盐胀系数及硫酸钠含量按表3.4.3进行划分。盐胀系数小于0.01及硫酸钠含量小于0.5%的盐渍土可定为非盐胀性盐渍土。

表3.4.3 盐渍土盐胀程度

盐胀系数 η	$0.01 \leq \eta \leq 0.02$	$0.02 < \eta \leq 0.04$	$\eta > 0.04$
硫酸钠含量 C（%）	$0.5 \leq C \leq 1.2$	$1.2 < C \leq 2.0$	$C > 2.0$
盐胀程度	轻微	中等	强烈

注：当根据盐胀系数及硫酸钠含量两个指标划分的结果不一致时，应以硫酸钠含量为主。

3.4.4 盐渍土地基总盐胀量z宜按本细则附录E的方法现场测定，初步设计时可按式（3.4.4）计算，计算深度宜控制在地表以下2m范围内。

$$z = \sum_{i=1}^{n} \eta_i h_i \qquad (3.4.4)$$

式中：η_i——室内试验测定的第i层土的盐胀系数；
  h_i——第i层土的厚度（mm）；
  n——计算深度内盐胀系数大于或等于0.01的土层分层数。

条文说明

由于地基土的盐胀与土层温度有关，当土层温度在5～-5℃时盐胀量增加最快，而土层温度低于5℃基本是在地表以下2m范围内，因此总盐胀量计算的深度一般控制在地表以下2m范围内。

3.4.5 盐渍土地基盐胀等级应根据总盐胀量按表3.4.5判定。

表3.4.5 盐渍土地基盐胀等级

总盐胀量z（mm）	$30 \leq z \leq 70$	$70 < z \leq 150$	$z > 150$
盐胀等级	Ⅰ级（弱盐胀）	Ⅱ级（中盐胀）	Ⅲ级（强盐胀）

3.4.6 高速公路、一级公路计算的总盐胀量判定地基盐胀等级为Ⅱ级、Ⅲ级时，宜进行现场试坑观测试验测定总盐胀量，并取两者中的较大值。

3.5 腐蚀性评价

3.5.1 盐渍化环境挡土墙等小型构造物的腐蚀性，可分为微腐蚀性、弱腐蚀性、中腐蚀性和强腐蚀性四个等级。腐蚀性测试项目、测试方法及腐蚀性评价应符合现行《公路工程地质勘察规范》（JTG C20）的有关规定。

3.5.2 弱盐渍土含水率小于3%，且工程使用前后的水环境条件变化不大时，可不考虑腐蚀性评价。

3.5.3 三、四级公路盐渍土具备弱透水性、无干湿交替变化及不冻结条件时，腐蚀性可降低一级。

3.6 预可勘察

3.6.1 预可勘察应采用资料收集与分析、遥感工程地质解译、现场踏勘调查等方法，了解公路建设项目所处区域盐渍土的工程地质条件及存在的工程地质问题，为编制预可行性研究报告提供工程地质资料。

3.6.2 预可勘察应完成下列工作内容：
1 调查公路沿线的地形地貌、地质、水文、气象、指示性盐生植物分布等情况。
2 调查各路线走廊带盐渍土类型、分布范围及地下水埋藏条件等，评估盐渍土对公路工程可能产生的危害程度。
3 调查公路沿线既有道路及其他建筑物的溶陷、盐胀、腐蚀等病害状况。
4 调查当地筑路材料的分布及开采运输条件。
5 编制预可行性研究阶段工程地质勘察报告。

3.6.3 预可勘察报告应包括下列内容：
1 文字说明：对拟建项目盐渍土路段的工程地质条件、存在的工程地质问题及筑路材料的分布状况和运输条件等进行重点说明；阐明盐渍土类型、分布范围及其工程性质；评估盐渍土对各路线走廊带的影响，并提出比选意见；对下一阶段盐渍土路段的工程地质勘察工作提出意见和建议。
2 图表资料：1:50 000～1:100 000 路线工程地质平面图，图中标注盐渍土的分布范围；盐渍土路段的附图、附表、照片等。

3.7 工可勘察

3.7.1 工可勘察应通过资料收集和工程地质调绘，辅以必要的勘探手段初步查明公路沿线盐渍土的工程地质条件，评价盐渍土对公路建设的影响；对项目建设各工程方案的盐渍土进行研究，为编制工程可行性研究报告提供工程地质资料。

3.7.2 工可勘察应完成下列工作内容：
1 初步查明公路沿线的地形地貌、地质、水文、气象、指示性盐生植物分布等情况。
2 初步查明各路线走廊带盐渍土类型和分布范围，并在沿线平面缩图上加注这些信息，列出不良地质地段表。

3 按盐渍土的盐渍化程度及分布情况，分别选择代表性盐渍土地段进行勘探取样，进行盐渍土物理力学性质试验、含盐性质试验及水质分析，掌握盐渍土的分层界限。

4 评价各路线走廊带的工程地质条件，分析盐渍土可能导致的工程地质问题。

5 初步查明筑路材料的分布、开采、运输条件，以及工程用水的水源、水质情况。

6 编制工程可行性研究阶段工程地质勘察报告。

3.7.3 工可勘察报告应包括下列内容：

1 文字说明：对公路沿线的地形地貌、地层岩性、地质构造、水文地质条件等基本地质条件进行说明；对各路线走廊带盐渍土类型和分布范围，盐渍土物理力学性质、发展趋势等进行说明；评价各比选路线方案中盐渍土对工程的影响程度，提出推荐路线方案及盐渍土处理措施；对沿线筑路材料的分布、开采、运输条件，以及工程用水的水源、水质情况进行说明。

2 图表资料：1:10 000~1:50 000路线工程地质平面图，绘出盐渍土的分布范围界线；1:10 000~1:50 000路线工程地质纵断面图，注明盐渍土的厚度及其他特征；盐渍土路段提供1:2 000~1:10 000工程地质平面图、1:2 000~1:10 000工程地质纵断面图，以及附图、附表、照片等。

3.8 初步勘察

3.8.1 初步勘察应在工可勘察成果的基础上，采用工程地质调绘、勘探、室内外试验等方法，基本查明控制路线方案的盐渍土分布及其工程地质特征，研究其对工程方案的影响，提出处理措施建议。

3.8.2 初步勘察应重点查明下列内容：

1 盐渍土分布的地貌单元、植被覆盖程度、指示性盐生植物分布等情况。

2 盐渍土类型、物理力学性质及其平面与深度分布范围。

3 盐渍土盐分迁移与气候、水文、地形变化，以及人为因素的关系。

4 降水、蒸发、气温、冻结深度，暴雨、洪水情况及影响范围。

5 地下水类型、埋藏条件、季节性变化幅度、升降趋势及其与地表汇水、开采地下水强度的关系。

6 既有道路及其他建筑物等由盐渍土造成的病害及其防治工程经验。

3.8.3 初步勘察工程地质调绘范围应满足路线方案比选的需要，地质条件复杂并对路线方案有较大影响的地段，可在必要时扩大调绘范围。

3.8.4 初步勘察勘探点布置应符合下列规定：

1 路基勘探点宜沿路线中线布置，数量不应低于表3.8.4-1的规定。

表3.8.4-1 路基纵向勘探点数量

场地类型	公路等级	数量（个/km）
简单场地	高速公路、一级公路	2
	二级及二级以下公路	1
较复杂场地	高速公路、一级公路	3
	二级及二级以下公路	2
复杂场地	高速公路、一级公路	4
	二级及二级以下公路	3

2 较复杂场地和复杂场地应布置横向勘探断面，断面上勘探点的数量不宜少于2个。

3 挡土墙等小型构造物的勘探点布置应与路基勘探点综合考虑，较复杂场地或复杂场地每处应布置不少于1个勘探点。

4 取土场勘探点宜在拟定的取土范围内按表3.8.4-2规定的间距进行布置。

表3.8.4-2 取土场勘探点间距

场地特征	间距（m）
地形平坦，岩性单一，无不良地质发育；有用层厚而稳定，没有表面剥离层或剥离层很薄	200~500
地形有起伏，有不良地质发育；有用层基本稳定，呈条带状分布或厚度变化较大，有少量无用夹层，有表面剥离层或剥离层分布无规律	100~200
地形起伏大，岩性变化较大，不良地质发育，水文地质条件复杂；有用层分布面积小，厚度小，普遍有较厚剥离层	50~100

3.8.5 初步勘察报告全线说明应包括下列内容：

1 阐明沿线盐渍土形成的地形地貌条件，从气候、地质、水文角度论述盐渍土的形成与演化条件，以及与人为活动的关系。

2 说明工程地质条件、水文地质特征、指示性盐生植物分布、盐渍土含盐性质、盐渍化程度及其发展趋势。

3 分析盐渍土对公路路基、路面及构造物可能产生的危害程度，提出病害防治措施建议。

4 分析环境条件对建设场地的影响。

5 对取土场开采运输条件、材料适宜性做出评价，提出推荐意见。

3.8.6 初步勘察报告工点说明应重点评价路基和挡土墙等小型构造物在溶陷、盐胀影响下可能出现的差异沉降及结构稳定问题，结合变形计算和稳定性分析结果，提出有针对性的工程措施建议。应评价说明盐渍土、地下水及地表水对挡土墙等小型构造物混凝土结构的腐蚀性，并提出防治措施建议。

3.8.7 初步勘察报告工程地质图表资料应包括下列内容：

1 全线工程地质平面图，比例尺为1:2 000～1:10 000；填绘盐渍土地层年代分界线、溶陷性及盐胀性分区界限、地表指示性岩生植物分布范围等。

2 全线工程地质纵断面图，水平比例尺为1:2 000～1:10 000，垂直比例尺为1:00～1:1 000；填绘地层岩性及层序构造花纹图例；地质特征栏按地貌单元与地层结构分段说明盐渍土的地层年代、成因、溶陷及盐胀等级、分层厚度、承载力、摩阻力等工程地质条件，以及必要的工程处理措施建议。

3 工点工程地质平面图，比例尺为1:500～1:2 000；填绘盐渍土地层界限、地层年代、成因类型符号、溶陷性及盐胀性分区界限等。

4 工点工程地质纵断面图，水平比例尺为1:500～1:2 000，垂直比例尺为1:100～1:1 000；填绘盐渍土的类型、成因，地下水位线等。

5 工点工程地质横断面图，比例尺为1:50～1:500；填绘盐渍土的类型、成因，地下水位线等。

6 钻孔或探坑柱状图，比例尺为1:50～1:200。

7 岩土物理力学指标汇总表；水质、易溶盐分析资料；不良地质地段表；物探解译成果资料；取土场位置与储量分布图及储量计算资料；附图、附表、照片等。

3.9 详细勘察

3.9.1 详细勘察应充分利用初步勘察成果，逐段查明全线地层岩性类型、地下水条件、盐渍土类型、盐分分布规律及变化趋势等，并进行工程地质分析评价，提出处理措施建议。

3.9.2 详细勘察应对初步勘察的工程地质调绘资料进行复核，当线位偏离初测线位或地质条件需要进一步查明时，应补充工程地质调绘。

3.9.3 详细勘察勘探点布置应符合下列规定：

1 路基勘探点应沿路线中线布置，数量不应低于表3.9.3-1的规定。

表3.9.3-1 路基纵向勘探点数量

场地类型	公路等级	数量（个/km）
简单场地	高速公路、一级公路	2
	二级及二级以下公路	1
较复杂场地	高速公路、一级公路	4
	二级及二级以下公路	3

续表 3.9.3-1

场地类型	公路等级	数量（个/km）
复杂场地	高速公路、一级公路	6
	二级及二级以下公路	5

2 较复杂场地和复杂场地每段应布置横向勘探断面，盐渍土条件变化较大时应增加横向勘探断面，每个横向勘探断面上勘探点的数量不宜少于 2 个。

3 挡土墙等小型构造物的勘探点布置应与路基勘探点综合考虑，每处勘探点的数量不宜少于 1 个；较复杂场地或复杂场地，应沿构造物的轴线布置勘探断面，断面上勘探点的数量不宜少于 2 个。

4 取土场勘探点宜在初步确定的取土范围内按表 3.9.3-2 规定的间距进行布置。

表 3.9.3-2 取土场勘探点间距

场地特征	间距（m）
地形平坦，岩性单一，无不良地质发育；有用层厚而稳定，没有表面剥离层或剥离层很薄	100~200
地形有起伏，有不良地质发育；有用层基本稳定，呈条带状分布或厚度变化较大，有少量无用夹层，有表面剥离层或剥离层分布无规律	50~100
地形起伏大，岩性变化较大，不良地质发育，水文地质条件复杂；有用层分布面积小，厚度小，普遍有较厚剥离层	30~50

3.9.4 详细勘察报告除应符合本细则第 3.8.5 条～第 3.8.7 条的规定外，尚应满足下列要求：

1 对盐渍土的含盐性质、盐渍化程度按具体桩号分段论述。

2 论证不同路段盐渍土可能形成的道路病害，提出防治措施建议。

3 对每处挡土墙等小型构造物，结合其结构特点，提出地基处理及结构防腐蚀的措施建议。

4 取土场工程地质平面图，比例尺为 1:200~1:2 000；填绘储量计算范围界线。

5 取土场工程地质断面图，比例尺为 1:200~1:500；填绘储量计算范围界线及土料质量分层界限。

6 提出设计与施工中应注意的问题。

3.10 拓宽改建工程地质勘察

3.10.1 应对既有公路勘察、设计、施工和运营期的各项资料进行收集和研究，结合拓宽改建方案，采用工程地质调绘、挖探、钻探、物探、原位测试等方法进行综合勘察。

3.10.2 应在对既有公路工程地质勘察资料分析利用的基础上，查明拓宽改建场地的工程地质与水文地质条件。

3.10.3 应查明既有路基各层的土质类型、含盐性质、含盐量及物理力学性质等，分析既有路基利用的可行性。

3.10.4 应查明既有路基溶陷、盐胀等病害类型与分布范围，以及病害产生原因、发展情况，提出病害处理措施建议。

4 地基与基础处理

4.1 一般规定

4.1.1 盐渍土地基处理应根据盐渍土含盐性质、含盐量、溶陷性与盐胀性评价、环境条件，并考虑路基、构造物的结构要求与特点，做好综合设计，合理选择地基处理方法。

4.1.2 盐渍土地基处理方法可按表4.1.2经技术经济比较后确定。

表 4.1.2 盐渍土地基处理方法

处理方法	适用范围
换填法	适用于深度3m以内的浅层盐渍土（含盐渍化软土）地基，以及结构疏松的岩盐地基处理。溶陷性、盐胀性地基均适用
冲击碾压法	适用于溶陷等级为Ⅰ、Ⅱ级的砾类土、砂类土及低饱和度的粉质土盐渍土地基处理，处理深度宜为0.5~1.0m。盐胀性地基不适用
强夯和强夯置换法	强夯法适用于处理砾类土、砂类土、低饱和度的粉质土及黏质土盐渍土地基；强夯置换法适用于处理高饱和度的粉质土及黏质土盐渍土地基，以及各类盐渍化软土地基。盐胀性地基不适用
预压法	适用于盐渍化软土地基处理，当处理深度大于3m时，应在地基中设置竖向排水体加速排水固结
粒料桩法	适用于深度5m以上的盐渍土（含盐渍化软土）地基处理。溶陷性、盐胀性地基均适用

4.1.3 盐渍土地基总溶陷量和总盐胀量应分别满足表4.1.3-1和表4.1.3-2的要求，当不满足要求时应进行地基处理。

表 4.1.3-1 容许溶陷量

公路等级	高速公路、一级公路	二级公路	三、四级公路
总溶陷量（mm）	≤70	≤150	≤400

表 4.1.3-2 容许盐胀量

公路等级	高速公路、一级公路	二级公路	三、四级公路
总盐胀量（mm）	≤30	≤70	≤150

条文说明

对于盐渍土地基溶陷性与盐胀性控制指标，在《公路路基设计规范》（JTG D30—2015）、《盐渍土地区公路设计与施工指南》（新疆公路学会主编）和国家建筑标准设计图集《城市道路——盐渍土路基设计》（17MR302）中有相关规定。《公路路基设计规范》（JTG D30—2015）规定的溶陷性指标和盐胀性指标分别见表4-1和表4-2。

表4-1 盐渍土地基溶陷性指标

公路等级	高速公路、一级公路	二级公路	三、四级公路
溶陷量（mm）	<70	<150	<400

表4-2 盐渍土地基容许盐胀率

公路等级	路基高度（m）	盐胀率（%）	硫酸钠含量 Z（%）
高速公路、一级公路	≤2	≤1	≤0.5
	>2	≤2	≤1.2
二级及二级以下公路	≤2	≤2	≤1.2
	>2	≤4	≤2.0

《盐渍土地区公路设计与施工指南》（新疆公路学会主编）规定的溶陷性指标和盐胀性指标分别见表4-3和表4-4。

表4-3 盐渍土地基溶陷性指标

公路等级	高速公路、一级公路	二级公路	三、四级公路
溶陷系数（%）	<1.5	1.5~3.5	>3.5~7.0
溶陷量（cm）	<7	7~15	>15~32

表4-4 盐渍土路基盐胀性指标

公路等级	高速公路、一级公路	二级公路	三、四级公路
盐胀率（%）	<1	1~2	>2~4
硫酸钠含量 Z（%）	$Z≤0.5$	$0.5<Z≤1.2$	$1.2<Z≤2$

《城市道路——盐渍土路基设计》（17MR302）规定的溶陷性指标和盐胀性指标分别见表4-5和表4-6。

表4-5 氯盐渍土地基溶陷性指标

道路等级	快速路、主干路	次干路	支路
溶陷量（mm）	<70	<150	<400

表4-6 氯盐渍土地基容许盐胀率

道 路 等 级	路基高度（m）	盐胀率（%）
快速路、主干路	≤2	≤1
	>2	≤2
次干路、支路	≤2	≤2
	>2	≤4

上述三个标准中，对于地基溶陷性指标的规定是类似的，即溶陷性采用地表以下溶陷影响深度4.5m范围内土体的溶陷量作为评价指标，其中表4-3中的溶陷量是以对应的溶陷系数乘以4.5m得到的。对于盐胀性指标，《盐渍土地区公路设计与施工指南》（新疆公路学会主编）是针对路基填料的要求；另外两个标准是针对地表以下1m范围内土体盐胀性的要求，两者的盐胀率指标相同，不同之处是《城市道路——盐渍土路基设计》（17MR302）中没有硫酸钠含量指标要求。根据两个标准中的容许盐胀率（1%~4%），按地表以下1m范围内的土体计算，则容许盐胀量为1~4cm。

西部交通建设科技项目"盐渍土地区公路修筑成套技术研究"（2003 318 797）通过对新疆境内若干条道路盐胀破坏的实际调查，按路面不平整系数及盐胀量对盐胀病害做了表4-7所示的分类，其中7cm以下的盐胀量属于轻微盐胀。

表4-7 路面盐胀病害分类

不平整系数 σ（mm）	盐胀量（cm）	路面病害类型	病害程度分类
<12	<7	无盐胀或轻微盐胀	Ⅰ
12~19	7~11	中等盐胀	Ⅱ
>19	>11	严重盐胀	Ⅲ

实际上地基发生的盐胀通过路基结构的"吸收"及路基荷载的抑制作用，对路面结构产生的影响是很小的，远没有路基自身盐胀产生的危害大。因此，作为盐渍土地基盐胀量控制指标，对于二级及二级以上的公路，容许盐胀量控制在7cm之内已相当安全，三、四级公路可进一步放宽。

根据上述分析，结合本细则对盐渍土地基溶陷和盐胀的等级划分（表3.3.5和表3.4.5），将两者相对应，提出了表4.1.3-1和表4.1.3-2的标准。

4.1.4 盐渍化软土地基处理应做好盐渍土病害防治、地基沉降与路基稳定控制的综合设计。采用预压法对盐渍化软土地基进行处理时，应采取缩短排水路径、增加预压荷载等措施，以减小盐溶液特有的黏滞性影响。

条文说明

盐溶液的黏滞性将导致预压排水困难，如察尔汗盐湖晶间卤水20℃的运动黏度为$(3~5)\times10^{-2}$cm²/s，而20℃水的运动黏度为1.01×10^{-2}cm²/s，前者约为后者的3~5倍。为减小黏滞性的影响，适当减小排水体间距，必要时采用超载预压能达到较好的效果。

4.1.5 盐渍土地基处理宽度，在填方路段应为路堤坡脚排水沟外侧不小于1m，且距离坡脚不小于3m；在挖方路段应为路堑的断面宽度；小型构造物地基处理宽度应与相邻路基段处理宽度相同。

4.1.6 挡土墙等小型构造物基础及表面的防腐蚀处理，应能保证结构在使用年限内的安全性、适用性和耐久性；应根据结构的设计使用年限和腐蚀等级等，确定相应的防腐蚀措施。

4.1.7 盐渍土地基处理设计，应按设计方案编制特殊路基设计表，表中内容应包括处理路段的起讫桩号、路段长度、路基填高挖深、溶陷等级、盐胀等级、处理方法及其设计参数、工程数量等。

4.2 换填法

4.2.1 换填法可用于深度3m以内的浅层盐渍土地基，以及结构疏松的岩盐地基处理。

4.2.2 换填材料宜采用碎石、砂砾、中粗砂、风积沙等，并应符合下列规定：
1 碎石、砂砾、中粗砂的含泥量不应大于5%；中粗砂的颗粒不均匀系数应大于10。
2 风积沙粒径小于0.075mm的颗粒含量不应大于15%。

4.2.3 换填深度应符合下列规定：
1 高速公路、一级公路换填深度不宜小于1.0m，其他等级公路换填深度不宜小于0.5m。
2 小型构造物地基换填深度应满足构造物对承载力的要求。

4.2.4 岩盐地基明溶洞应在基坑开挖前密实填塞至换填底部高程；暗溶洞应在基坑开挖后填塞密实；填塞材料宜采用片块石、卵石、风积沙或盐盖等。

4.2.5 岩盐地基溶塘处理，应先挖除溶塘水位线以下1.0~1.5m深度内的岩盐层，并换填0.5m厚的片块石层或卵石层，之后再填筑砂砾层，砂砾层填筑高程应高出最高地下水位0.5m及以上。

4.2.6 换填施工应符合下列规定：

1　施工前应做好排水设施，施工现场不得积水；当地下水位较高时，应按设计的排水、降水措施进行排降水处理。

2　换填基坑底面自然坡度倾斜较大时，应开挖成台阶形式。

3　换填材料应分层摊铺碾压，分层厚度不宜大于0.3m，压实方式及压实遍数宜通过试验确定。

4　换填材料为风积沙时，换填施工结束并经验收合格后，应及时施工上部结构或采取其他遮盖措施。

4.2.7　施工质量检验方法与标准应符合现行《公路路基施工技术规范》（JTG/T 3610）的有关规定。

4.3　冲击碾压法

4.3.1　冲击碾压法可用于处理溶陷等级为Ⅰ、Ⅱ级的砾类土、砂类土及低饱和度的粉质土盐渍土地基，处理深度宜为0.5~1.0m。盐胀性地基不应采用冲击碾压法处理。

4.3.2　冲击碾压法有效加固深度应根据冲击压路机现场碾压试验或当地经验确定，缺少相关资料时可按式（4.3.2）估算：

$$D = \alpha \sqrt{\frac{mgh}{10}} \qquad (4.3.2)$$

式中：D——有效加固深度（m）；

　　　m——冲击轮的质量（t）；

　　　g——重力加速度（9.81m/s²）；

　　　h——冲击轮外半径与内半径之差（m）；

　　　α——修正系数，弱盐渍土和中盐渍土可分别取0.6和0.5。

4.3.3　冲击碾压施工时，构造物最小水平安全距离应符合表4.3.3的规定。

表4.3.3　冲击碾压施工构造物最小水平安全距离

构造物类型	最小水平安全距离（m）
U形桥台和涵洞通道	距桥台翼墙端或涵洞通道：5
其余类型桥台	10
互通式立交桥梁	10
重力式挡土墙	距墙背内侧：2
扶壁（悬臂）式挡土墙	距扶壁（悬臂）内侧：2.5
房屋建筑	30
导线点、水准点、电线杆	10

4.3.4 冲击碾压施工前应选择长度不小于200m的代表性路段进行碾压试验，通过试验确定冲击压路机型号、施工工艺参数、质量检验方法与标准。

4.3.5 冲击碾压施工应符合下列规定：

1 冲击碾压施工前应对地基表层聚积的盐霜、盐壳、盐生植物等进行清除，之后进行整平和压实。

2 宜采用排压法进行冲击碾压施工，轮迹应纵横向交错，纵向相错1/6轮周长，横向搭接不小于0.2m。

3 冲击碾压处理的最短施工长度不应小于100m，场地宽度应满足冲击碾压速度的要求。

4 冲击压路机的行驶速度宜控制在10~13km/h范围内，前6遍宜低速行驶。

5 每冲击碾压6遍，应进行一次整平和压实，并检测相应的沉降值、压实度和溶陷系数，以便及时掌握压实效果。

6 冲击碾压施工完成后，应对表面进行整平，再用钢轮压路机振动碾压1~2遍，进行收光压实。收光压实后表面应平整密实、无松散、无轮迹，边线应圆滑直顺。

条文说明

冲击压路机的施工行驶速度需适当，一般为10~13km/h。行驶速度太快会导致冲击轮蹦跳，减少与地面的接触时间，不利于冲击力的传播和对土体的压实，也容易损坏机械；行驶速度太慢，则会导致冲击能量减小，压实效果不好。

4.3.6 施工质量检验方法与标准应符合下列规定：

1 施工结束后7~14d，应按1处/2 000m²的抽检频率，在设计处理深度内每隔0.5m采取1~2个土样进行室内试验，测定土的压实度、压缩系数和溶陷系数。

2 施工结束后15~30d，可采用标准贯入试验、瞬态瑞利波法和钻孔取样试验等方法检验地基土的强度变化情况，评价冲击碾压的效果。

4.4 强夯法和强夯置换法

4.4.1 强夯法可用于处理砾类土、砂类土、低饱和度的粉质土及黏质土盐渍土地基；强夯置换法可用于处理高饱和度的粉质土及黏质土盐渍土地基，以及各类盐渍化软土地基。盐胀性地基不应采用强夯法和强夯置换法处理。

4.4.2 强夯法有效加固深度应根据现场试夯或当地经验确定。当缺少试验资料和经验时，可参考表4.4.2确定。

表 4.4.2 强夯法有效加固深度（m）

单击夯击能（kN·m）	砾类土、砂类土等粗颗粒土	粉质土、黏质土等细颗粒土
1 000	5.0~6.0	4.0~5.0
2 000	6.0~7.0	5.0~6.0
3 000	7.0~8.0	6.0~7.0
4 000	8.0~9.0	7.0~8.0

注：强夯法的有效加固深度应从最初起夯面算起。

4.4.3 设计应根据场地工程地质条件、周边既有建筑和设施的基础埋深与结构类型及相邻距离等，确定强夯施工最小水平安全距离，当缺少振动实测评价数据时，可参考表 4.4.3 确定。

表 4.4.3 强夯施工最小水平安全距离

单击夯击能（kN·m）	最小水平安全距离（m）
1 000~2 000	40
3 000	50
4 000	60

4.4.4 强夯置换桩宜采用等边三角形或正方形布置，对独立基础或条形基础应根据基础形状与宽度布置。

4.4.5 强夯置换桩间距应根据荷载大小和天然地基承载力确定，当满布时可取夯锤直径的 2~3 倍，对独立基础或条形基础可取夯锤直径的 1.5~2.0 倍。桩的计算直径可取夯锤直径的 1.1~1.2 倍。

4.4.6 强夯置换桩顶应铺设一层厚度不小于 0.5m 的粒料垫层，粒径不宜大于 100mm。

4.4.7 强夯置换设计时，应预估地面抬高值，并在试夯时校正。

4.4.8 强夯置换的桩体材料宜采用级配合理的块石、卵石、碎石等坚硬粗颗粒材料，粒径大于 300mm 的颗粒含量不宜超过 30%。桩体材料的最大粒径不宜大于夯锤底面直径的 0.2 倍，含泥量不宜超过 10%。

4.4.9 强夯锤可采用圆形或多边形底面的钢筋混凝土锤或铸钢锤，夯锤内宜对称设置 2~4 个上下贯通、孔径为 250~300mm 的排气孔，夯锤质量可取 10~40t，锤底静接地压力可取 25~40kPa。强夯置换锤宜采用细长的铸钢锤，锤底静接地压力可取 100~

200kPa。在强夯能级不变的条件下，宜采用重锤、低落距。

4.4.10 起吊夯锤用的机械设备宜采用履带式起重机，可在吊臂两侧辅以门架，以提高起重能力和安全性。

4.4.11 强夯和强夯置换施工前应在代表性路段选取试夯区进行试夯，每个试夯区场地面积不应小于500m^2。应通过试夯确定夯击能量、有效加固深度、夯点间距、夯击间隔时间等工艺和参数。

4.4.12 强夯施工时，地基土含水率宜处于表4.4.12的范围；强夯置换施工可不受此限制。

表4.4.12 强夯施工地基土含水率适宜范围

地基土塑性指数	≤10	>10，≤17	>17
地基土含水率（%）	12~20	14~23	15~25

注：塑性指数由76g锥测定的10mm液限计算。

4.4.13 强夯施工应符合下列规定：

1 强夯宜分为主夯、副夯、满夯三遍实施。第一遍主夯完成后，第二遍的副夯点应在主夯点中间穿插布置；副夯点与主夯点的布置间距及夯击能级应相同。满夯夯点应采用彼此搭接1/4连续夯击；满夯能级可采用主夯能级的1/2~1/3。

2 两遍夯击之间应有一定的时间间隔，间隔时间可根据地基土的渗透性确定。对于渗透性较差的黏质土地基，间隔时间不应少于21d；对于粉质土地基，间隔时间不应少于7d；对于渗透性好的地基，间隔时间不宜少于3d。

3 强夯夯点的夯击次数，应根据试夯得到的夯击次数和夯沉量关系曲线确定，并应满足下列要求：

1）当单击夯击能小于2 000kN·m时，最后两击的平均夯沉量不宜大于50mm；当单击夯击能为2 000~4 000kN·m时，最后两击的平均夯沉量不宜大于100mm；当单击夯击能大于4 000kN·m时，最后两击的平均夯沉量不宜大于200mm。

2）夯坑周围地面不应发生过大的隆起。

3）夯坑不应过深而造成提锤困难。

4.4.14 强夯置换施工应符合下列规定：

1 应按由内向外、隔行跳打的方式施工。

2 强夯置换夯点的夯击次数应通过现场试夯确定，并满足下列要求：

1）置换桩底应达到设计置换深度，宜穿透盐渍化软土层。

2）累计夯沉量应为设计桩长的1.5~2.0倍。

3）最后两击的平均夯沉量应符合本细则第4.4.13条的规定。

4.4.15 强夯法施工质量检验方法与标准应符合下列规定：

1 强夯施工结束后 7~14d，应在设计处理深度内每隔 0.5m 取 1~2 个土样进行室内试验，测定土的压实度、压缩系数和溶陷系数。取样试验的频率应按 1 处/2 000m² 控制，且不应少于 3 处。

2 强夯施工结束后 15~30d，可采用标准贯入试验、瞬态瑞利波法和钻孔取样试验等方法检验地基土的强度变化情况，评价强夯的效果。

4.4.16 强夯置换法施工质量检验方法与标准应符合下列规定：

1 强夯置换施工结束后 30d，应对桩间土在设计处理深度内每隔 0.5m 取 1~2 个土样进行室内试验，测定土的压实度、压缩系数和溶陷系数。抽检频率应为总桩数的 0.2%~0.3%，且不应少于 3 处。

2 强夯置换施工结束后 30d，应采用超重型（N_{120}）或重型（$N_{63.5}$）动力触探检测桩体的密实度和桩长，抽检频率应为总桩数的 1%~2%，且不应少于 3 根桩。密实度应达到中密。

3 强夯置换施工结束后 30d，应采用载荷试验检验单桩承载力，抽检频率应为总桩数的 0.5%，且不应少于 3 处。

4.5 预压法

4.5.1 预压法可用于处理盐渍化软土地基；当处理深度大于 3m 时，应在地基中设置竖向排水体加速排水固结。

4.5.2 预压法可分为等载预压、超载预压和欠载预压。正常情况下宜采用等载预压。工期紧时可采用超载预压。二级及二级以下公路在工期许可时可采用欠载预压。

4.5.3 竖向排水体可采用塑料排水板、袋装砂井等。塑料排水板或其他类似的复合排水体断面尺寸宜为 100mm×（4.5~5.5）mm，袋装砂井直径宜为 100~150mm。

4.5.4 塑料排水板应有足够的抗拉强度和垂直排水能力。排水板复合体和滤膜的强度、延伸率、滤膜的渗透系数和排水板的通水量、滤膜的等效孔径，以及外包装状况、缝线和胶黏的质量等应满足要求。

4.5.5 袋装砂井宜选用聚丙烯或其他适宜编织料制成的砂袋，砂袋强度应能承受砂袋自重，装砂后砂袋的渗透系数不应小于砂的渗透系数。砂料宜采用中粗砂，大于 0.5mm 砂的含量不宜少于总重的 50%，含泥量不应大于 3%，渗透系数不应小于 $5×10^{-3}$cm/s。

4.5.6 竖向排水体可采用正方形或等边三角形布置，其间距应根据地基土的固结特性和预压期内所要求达到的固结度确定，但不宜大于1.3m。

4.5.7 竖向排水体深度应综合考虑地基的稳定性、变形要求和工期确定，宜贯穿全部可压缩土层。

4.5.8 竖向排水体顶部应设置粒料排水垫层，其厚度宜为0.5m。粒料可采用砂、碎石或砂砾，其中小于5mm颗粒的含泥量不应大于5%，渗透系数不应小于1×10^{-3}cm/s。

4.5.9 塑料排水板和袋装砂井可采用沉管式打桩机施工。塑料排水板宜采用矩形套管，也可采用圆形套管；袋装砂井宜采用圆形套管，套管内径宜略大于砂井直径。应配置能够检测排水体施工深度的设备。

4.5.10 塑料排水板需接长时，应采用滤套内芯板平搭接的方法。芯板应对扣，凹凸对齐，搭接长度不宜小于0.2m，滤套包裹应有可靠固定措施。

4.5.11 施工完后塑料排水板顶部埋入砂垫层的长度不应小于0.5m；袋装砂井顶部埋入砂垫层的长度不应小于0.3m，应竖直埋入，不得横置。

4.5.12 施工质量检验方法与标准应符合下列规定：
1 塑料排水板应按表4.5.12-1的要求进行工程质量检验。

表 4.5.12-1 塑料排水板施工质量标准

项次	项目	规定值或允许偏差	检查方法和频率
1	板距	±150mm	抽检2%
2	板长	不小于设计值	查施工记录
3	垂直度	1.5%	查施工记录

2 袋装砂井应按表4.5.12-2的要求进行工程质量检验。

表 4.5.12-2 袋装砂井施工质量标准

项次	项目	规定值或允许偏差	检查方法和频率
1	井距	±150mm	抽检2%
2	井径	+10mm	挖验2%
3	井长	不小于设计值	查施工记录
4	垂直度	1.5%	查施工记录
5	灌砂率	+5%	查施工记录

4.6 粒料桩法

4.6.1 粒料桩法可用于深度5m以上的盐渍土地基处理。当处理盐渍化软土地基时，振动沉管法成桩所适用的地基土十字板抗剪强度不宜小于20kPa；振冲置换法成桩所适用的地基土十字板抗剪强度不宜小于15kPa。

4.6.2 粒料桩法可与换填法、强夯法、预压法结合使用，增强地基处理的效果。

条文说明

粒料桩处理盐胀性盐渍土地基具有置换盐渍土和缓释部分盐胀力的双重作用，但由于土体毛细作用下的水、盐迁移仍会形成盐分聚集，因此地基发生盐胀的可能性依然存在。将粒料桩法与换填法相结合，由于换填粒料的隔阻作用，可以保证大气剧烈影响情况下自身不发生盐胀，而下部土体（桩间土）受大气影响较弱，因此也不发生盐胀。由于粒料桩自身即是竖向排水体，用于盐渍化软土地基处理时，与强夯法或预压法相结合，均可以达到加速排水固结的目的。

4.6.3 粒料桩长度、直径、间距应根据稳定和沉降计算结果确定，桩长不宜大于20m。当地基的持力层埋深不大时，桩长应达到持力层。振动沉管法成桩的直径宜为0.5m，桩间距不宜大于1.5m；振冲置换法成桩的直径宜为0.8~1.2m，桩间距不宜大于3.0m。

4.6.4 粒料宜采用级配合理的碎石、卵石、砂砾等，其最大粒径不应大于100mm，其中粒径为50~100mm的粒料质量应占粒料总质量的50%~60%。粒料的含泥量不应大于5%。

4.6.5 粒料桩的充盈系数可取1.3~1.5，宜通过试桩确定。

4.6.6 振动沉管法施工应符合下列规定：
1 应根据沉管和挤密情况控制填料数量、拔管高度和速度、挤压次数和时间、电机的工作电流等施工控制参数。需要留振时，留振时间宜为10~20s。
2 盐渍化软土地基为强、过盐渍土时，振动沉管机械宜配备泵水装置；当发生套管下料困难时，可适当注入卤水。

条文说明

盐渍化软土地基为强、过盐渍土时，由于流塑状软土的侧压力大，沉管的活瓣式桩尖往往难以及时打开（提升一定的高度后才能打开），无法正常下料，导致桩底部粒料不密实甚至无料。为避免这一问题，可在沉管到位后先在套管中泵入一定量的卤水，然后再填料、振动、拔管。由于卤水增加了管内粒料对活瓣式桩尖的压力，同时也减小了粒料在下落过程中与套管壁之间的摩阻力，使桩尖能及时打开、正常下料。泵水的方式和泵水量一般需要通过现场试桩确定。

4.6.7 振冲置换法施工应符合下列规定：

1 振冲器宜以 1~2m/min 的速度下沉成孔，水压宜为 200~600kPa，水的流量宜为 200~400L/min。水的压力和流量应根据地基土强度的大小、成桩施工的不同阶段进行调节，强度较低的土层宜采用较低水压；在成孔过程中宜采用较大的水压和水量，当接近加固深度时应降低水压，避免扰动破坏桩底以下的土层；在振密过程中宜采用较小的水压和水量。

2 当振冲器达到设计的加固深度后，宜停留 1min，然后将振冲器上提至孔口；提升速度宜为 5~6m/min。重复振冲下沉、提升两三次扩大孔径并使孔内泥浆变稀后，方可开始填料制桩。

3 往孔内倒入一次料后，应将振冲器沉入孔内对填料进行振密，通过密实电流控制桩体密实度。在振密过程中，若密实电流尚未到达规定值，应提升振冲器加料，然后再沉入振冲器振密，直到该深度处的密实电流达到规定值为止。

4.6.8 施工质量检验方法与标准应符合下列规定：

1 施工结束后 30d，应对溶陷性地基的桩间土在设计处理深度内每隔 0.5m 取 1~2 个土样进行室内试验，测定土的压实度、压缩系数和溶陷系数，抽检频率应为总桩数的 0.2%~0.3%，且不应少于 3 处。

2 施工结束后 30d，应采用重型（$N_{63.5}$）动力触探检测桩身密实度和桩长，抽检频率应为总桩数的 1%~2%；密实度应达到中密。

3 施工结束后 30d，应采用载荷试验检验单桩承载力和复合地基承载力，抽检频率应为总桩数的 0.2%~0.5%，且不应少于 3 处。

4 其余项目应按表 4.6.8 的要求检验。

表4.6.8 粒料桩施工质量标准

项次	项目	规定值或允许偏差	检查方法和频率
1	桩距	±150mm	抽检2%
2	桩径	不小于设计值	抽检2%
3	桩长	不小于设计值	查施工记录并结合重型动力触探检查
4	垂直度	1.5%	查施工记录
5	粒料灌入率	不小于设计值	查施工记录

4.7 构造物基础防腐蚀处理

4.7.1 当盐渍化环境腐蚀等级为中腐蚀性和强腐蚀性时,应对挡土墙等小型构造物基础及表面进行防腐蚀处理。

4.7.2 应根据干湿影响区范围和位置,合理确定防腐蚀部位,并应符合下列规定:

1 当基础埋置较浅,有条件使防腐蚀作业连底进行时,防腐蚀设置范围应从基底到设计水位的浪溅影响线以上1m。
2 当基础埋置较深,无条件使防腐蚀作业连底进行时,防腐蚀设置范围应从枯水位以下1m到设计水位的浪溅影响线以上1m。
3 当构造物仅受地下水影响时,应对20年一遇地下水位影响区及上下各1m范围的构造物表面进行防腐蚀处理。
4 可视情况考虑风蚀作用下构造物表面防腐蚀措施。

4.7.3 以硫酸盐为主的腐蚀环境的防腐蚀措施可按表4.7.3-1选用;以氯盐为主的腐蚀环境的防腐蚀措施可按表4.7.3-2选用。

表4.7.3-1 硫酸盐环境构造物防腐蚀措施选用表

分区	土中硫酸根离子含量(mg/kg)			水中硫酸根离子含量(mg/L)		
	3 000~12 000	12 000~24 000	>24 000	200~600	600~3 000	3 000~6 000
地下水位或地表常水位以下稳定区	自密实防腐蚀水泥混凝土或普通水泥混凝土+不宜小于20mm防腐蚀涂层;不宜小于20mm钢筋保护层	自密实防腐蚀水泥混凝土或普通水泥混凝土+不宜小于20mm防腐蚀砂浆+防腐蚀涂层;不宜小于20mm钢筋保护层	自密实防腐蚀水泥混凝土或普通水泥混凝土+不宜小于30mm防腐蚀砂浆+防腐蚀涂层;不宜小于30mm钢筋保护层	自密实防腐蚀水泥混凝土或普通水泥混凝土+不宜小于20mm防腐蚀涂层;不宜小于20mm钢筋保护层	自密实防腐蚀水泥混凝土或普通水泥混凝土+不宜小于20mm防腐蚀涂层;不宜小于20mm钢筋保护层	自密实防腐蚀水泥混凝土或普通水泥混凝土+不宜小于30mm防腐蚀砂浆+防腐蚀涂层;不宜小于30mm钢筋保护层
地下水毛细作用区	自密实防腐蚀水泥混凝土+防腐蚀涂层;不宜小于25mm钢筋保护层	自密实防腐蚀水泥混凝土+防腐蚀涂层;不宜小于30mm钢筋保护层	自密实防腐蚀水泥混凝土+防腐蚀涂层;不宜小于40mm钢筋保护层	自密实防腐蚀水泥混凝土+防腐蚀涂层;不宜小于30mm钢筋保护层	自密实防腐蚀水泥混凝土+防腐蚀涂层;不宜小于40mm钢筋保护层	自密实防腐蚀水泥混凝土+防腐蚀涂层;不宜小于50mm钢筋保护层

续表 4.7.3-1

分区	土中硫酸根离子含量（mg/kg）			水中硫酸根离子含量（mg/L）		
	3 000 ~ 12 000	12 000 ~ 24 000	> 24 000	200 ~ 600	600 ~ 3 000	3 000 ~ 6 000
洪水及溅浪作用区	—	—	—	自密实防腐蚀水泥混凝土+防腐蚀涂层；不宜小于30mm钢筋保护层	自密实防腐蚀水泥混凝土+不宜小于20mm防腐蚀砂浆+防腐蚀涂层；不宜小于40mm钢筋保护层	自密实防腐蚀水泥混凝土+不宜小于30mm防腐蚀砂浆+防腐蚀涂层；不宜小于50mm钢筋保护层
风蚀作用区	自密实防腐蚀水泥混凝土或普通水泥混凝土+不宜小于20mm防腐蚀砂浆；不宜小于20mm钢筋保护层	自密实防腐蚀水泥混凝土+不宜小于20mm防腐蚀砂浆；不宜小于25mm钢筋保护层	自密实防腐蚀水泥混凝土+不宜小于30mm防腐蚀砂浆；不宜小于30mm钢筋保护层	—	—	—

表 4.7.3-2 氯盐环境构造物防腐蚀措施选用表

分区	土中氯离子含量（mg/kg）			水中氯离子含量（mg/L）		
	150 ~ 750	750 ~ 7 500	> 7 500	100 ~ 500	500 ~ 5 000	> 5 000
地下水位或地表常水位以下稳定区	自密实防腐蚀水泥混凝土或普通水泥混凝土+防腐蚀涂层；不宜小于20mm钢筋保护层	自密实防腐蚀水泥混凝土或普通水泥混凝土+不宜小于20mm防腐蚀砂浆+防腐蚀涂层；不宜小于20mm钢筋保护层	自密实防腐蚀水泥混凝土或普通水泥混凝土+不宜小于30mm防腐蚀砂浆+防腐蚀涂层；不宜小于30mm钢筋保护层	自密实防腐蚀水泥混凝土+防腐蚀涂层；不宜小于20mm钢筋保护层	自密实防腐蚀水泥混凝土+防腐蚀涂层；不宜小于20mm钢筋保护层	自密实防腐蚀水泥混凝土+不宜小于30mm防腐蚀砂浆+防腐蚀涂层；不宜小于30mm钢筋保护层
地下水毛细作用区	自密实防腐蚀水泥混凝土+防腐蚀涂层；不宜小于25mm钢筋保护层	自密实防腐蚀水泥混凝土+防腐蚀涂层；不宜小于30mm钢筋保护层	自密实防腐蚀水泥混凝土+防腐蚀涂层；不宜小于40mm钢筋保护层	自密实防腐蚀水泥混凝土+防腐蚀涂层；不宜小于30mm钢筋保护层	自密实防腐蚀水泥混凝土+防腐蚀涂层；不宜小于40mm钢筋保护层	自密实防腐蚀水泥混凝土+防腐蚀涂层；不宜小于50mm钢筋保护层

续表 4.7.3-2

分区	土中氯离子含量（mg/kg）			水中氯离子含量（mg/L）		
	150~750	750~7 500	>7 500	100~500	500~5 000	>5 000
洪水及溅浪作用区	—	—	—	自密实防腐蚀水泥混凝土+防腐蚀涂层；不宜小于30mm钢筋保护层	自密实防腐蚀水泥混凝土+不宜小于20mm防腐蚀砂浆+防腐蚀涂层；不宜小于40mm钢筋保护层	自密实防腐蚀水泥混凝土+不宜小于30mm防腐蚀砂浆+防腐蚀涂层；不宜小于50mm钢筋保护层
风蚀作用区	自密实防腐蚀水泥混凝土；不宜小于20mm钢筋保护层	自密实防腐蚀水泥混凝土+不宜小于20mm防腐蚀砂浆；不宜小于25mm钢筋保护层	自密实防腐蚀水泥混凝土+不宜小于30mm防腐蚀砂浆；不宜小于35mm钢筋保护层	—	—	—

4.7.4 防腐蚀涂层可用化学防腐蚀涂料或石油沥青。化学防腐蚀涂料应符合相关产品标准；石油沥青标号可采用90号、110号或130号。

4.7.5 拌制混凝土应采取合理选择水泥、增加水泥用量、降低水灰比、使用优质外加剂和掺合料等措施。硫酸盐环境应采用抗硫酸盐水泥，氯盐环境应采用硅酸盐水泥或矿渣硅酸盐水泥。自密实混凝土的生产与施工应符合现行《自密实混凝土应用技术规程》（JGJ/T 283）的有关规定。

4.7.6 防腐蚀层施工前应去除构造物混凝土表面黏附的盐类、土类等污染物。采用防腐蚀砂浆防护的混凝土表面应在抹砂浆前采用饮用水充分浸润；混凝土表面过于光滑时，应予以凿毛。

4.7.7 防腐蚀层施工前，应根据施工环境温度、工作条件及材料等因素，通过试验确定适宜的施工配合比。

4.7.8 防腐蚀涂层可用喷涂设备或刷子分2~3遍喷刷，每遍的喷刷应均匀，后一遍喷刷应待前一遍喷刷的涂层基本干燥后进行，前后喷刷搭接部分的宽度宜控制在 50mm。施工完成后的防腐蚀涂层表面应致密、封闭、平整。

4.7.9 防腐蚀砂浆可采用常规抹灰的方法涂抹，厚度较大时可分层涂抹。施工完成后的砂浆表面应光洁，与构造物表面结合紧密，不脱落。

4.7.10 施工质量检验方法与标准应符合现行《建筑防腐蚀工程施工规范》（GB 50212）的有关规定。

5 路基设计

5.1 一般规定

5.1.1 路基设计应调查收集公路沿线降水、蒸发、温度、地形地貌、地质、水文等资料,为设计方案制定提供依据。

5.1.2 路基设计前应确定盐渍土含盐性质、含盐量及分布范围,以及盐渍土地基的强度、溶陷性、盐胀性等。

5.1.3 路基位置应选择在地势较高、地下水位较深、排水通畅、土中含盐量低、地下水矿化度低、盐渍土分布范围小的地段,并宜以路堤形式通过;当受条件限制采用路堑或低填路基时,应进行超挖并回填水稳性好的材料。

5.1.4 在地下水位较高、毛细管水上升较强或易受地表水影响的中~过盐渍土路段,应在路基内部设置隔断毛细管水运移的隔断层。

5.1.5 应根据场地积盐条件、土质性状、地表水和地下水现状,做好盐渍土地基处理、路基结构、填料控制、防护与支挡、排水措施的综合设计,保证路基强度、稳定性及耐久性满足要求。

5.1.6 路基防护、支挡、排水等构造物采用圬工材料的强度应满足表 5.1.6 的要求。

表 5.1.6 构造物采用圬工材料强度要求

材 料 类 型	最低强度要求	使 用 场 合
砖块	MU15	防护、排水
片(块)石	MU30	防护、支挡、排水
水泥砂浆	M15(寒冷地区)、M10(其他地区)	浆砌、抹面
水泥混凝土	C30(寒冷地区)、C25(其他地区)	混凝土构件
水泥混凝土	C20	混凝土基础

5.2 路基结构设计

5.2.1 路基结构形式应根据公路等级、技术标准、土体含盐性质与含盐量、地下水埋深、地表排水条件等情况，结合地基处理与路基隔断措施进行设计。具体设计内容应包括路基高度、路基横断面、边坡坡率、隔断层等。

5.2.2 路基高度应使路床处于干燥或中湿状态，并应符合下列规定：
1 设隔断层时，路基最小高度应满足本细则第5.2.15条规定的隔断层设置要求。
2 不设隔断层时，路基最小高度应满足表5.2.2的要求。

表5.2.2 不设隔断层时盐渍土地区路基最小高度

填料土质类别	高出地面（m）		高出地下水位或地表长期积水位（m）	
	弱、中盐渍土	强、过盐渍土	弱、中盐渍土	强、过盐渍土
砾类土	0.4	0.6	1.0	1.1
砂类土	0.6	1.0	1.3	1.4
黏质土	1.0	1.3	1.8	2.0
粉质土	1.3	1.5	2.1	2.3

注：1. 表列弱、中、强、过盐渍土是指原地基土的盐渍化程度。
　　2. 表列路基高度是指路床顶面的高度，高出地面与高出地下水位或地表长期积水位的两种高度应同时满足。
　　3. 高速公路和一级公路应按表列数值乘以系数1.5~2.0，二级公路应乘以系数1.0~1.5，氯盐渍土及亚氯盐渍土可取低值。

5.2.3 路堑与低填路基，应采用如图5.2.3所示的敞开式断面的路堤形式，并应符合下列规定：
1 设隔断层时，路堤高度应满足本细则第5.2.15条规定的隔断层设置要求。
2 不设隔断层时，路堤的路床顶面应高出边沟流水水位0.8m或1.2m以上，且应大于该地段土质毛细管水强烈上升高度。
3 基底强度达不到要求时，应采用碎石、砂砾等粒料进行换填处理。

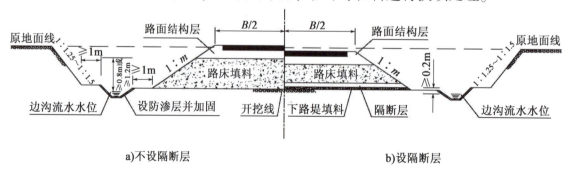

图5.2.3 路堑与低填路基横断面

条文说明

路床顶面高出边沟流水水位 0.8m 或 1.2m 以上，是与不同交通等级下的不同路床厚度 0.8m 和 1.2m 相对应考虑的，即轻、中等及重交通荷载等级下取 0.8m，特重、极重交通荷载等级下取 1.2m。

5.2.4 长期积水路段的盐渍土路基，应在路基边坡外侧加设护坡道，其宽度不应小于 2m，高度应高出长期积水位 0.3m 以上。可采用的断面形式如图 5.2.4 所示。

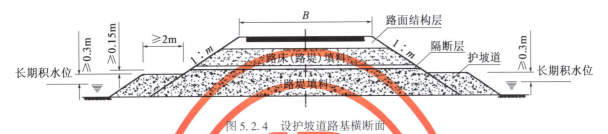

图 5.2.4　设护坡道路基横断面

5.2.5 设有包边防护的风积沙路基，可采用图 5.2.5 所示的断面形式，并应符合下列规定：

1　包边填料宜采用砂砾、碎石等粒料，每层包边填料的顶宽宜为 0.5m，边坡坡率内侧可采用 1:1，外侧应与路基边坡一致。

2　路床顶面以下 0.2~0.3m 应做封顶层，封顶层材料可采用水泥稳定风积沙或砂砾、碎石等粒料，也可与路面结构层相结合，采用底基层或垫层材料。

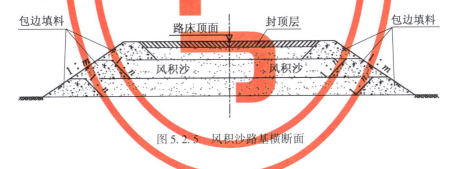

图 5.2.5　风积沙路基横断面

条文说明

由于风积沙表面碾压后会有 0.1~0.2m 的松散层，该松散层不能做弯沉测试，也无法在其上进行路面结构层的施工，故需要做封顶层对其加固稳定。

5.2.6 干涸盐湖区采用岩盐填筑的三、四级公路，可采用图 5.2.6-1 和图 5.2.6-2 所示的断面形式，并应符合下列规定：

1　路基高度宜为 0.5~1.2m。

2　填筑宽度宜在设计宽度 B 的基础上每侧加宽 0.2m。

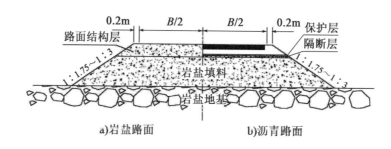

图 5.2.6-1 一般岩盐路基横断面

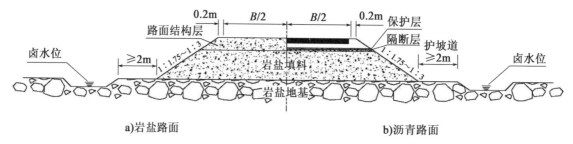

图 5.2.6-2 饱和卤水下伏段路基横断面

条文说明

干涸盐湖区饱和卤水下伏段路基横断面适用于干涸盐湖地表下有饱和卤水路段，在路基两侧挖取岩盐填料形成沿线取土坑，以便加速地下水蒸发和盐分聚集、结晶，降低地下卤水位。有条件时尽可能将取土坑中的卤水排除，难以排除时需对盐结晶采取清理措施，以免卤水位上升。

路基两侧各加宽 0.2m 的目的是应对岩盐遭受溶蚀破坏的安全保护措施。

采用岩盐填筑的三、四级公路可以通过在路基表面浇洒饱和卤水使表层逐次结晶，经碾压形成硬壳作为路面，该种路面厚度一般为 0.3~0.6m。如果铺设沥青路面，需要在岩盐路基顶面设置土工膜或复合土工膜隔断层，并在其上下各铺设一层厚度 0.1m 的砂或风积沙保护层。

5.2.7 盐渍土路堤边坡坡率应根据填料土质和盐渍化程度按表 5.2.7 确定。

表 5.2.7 盐渍土路堤边坡坡率

填料土质类别	填料盐渍化程度	
	弱、中盐渍土	强盐渍土
砾类土	1:1.5	1:1.5
砂类土	1:1.5	1:1.5~1:1.75
黏质土	1:1.5~1:1.75	1:1.75~1:2
粉质土	1:1.5~1:1.75	1:1.75~1:2

5.2.8 路侧长期积水的路堤，自地面到积水位以上 0.5m 的边坡坡率，砾类土与砂

类土应为1:2；黏质土与粉质土采用表5.2.7中坡率时应加设护坡道，否则坡率应放缓至1:3。其余部分的边坡坡率应按表5.2.7确定。

5.2.9 盐渍土路堑边坡坡率应根据土质和盐渍化程度确定，坡率不宜陡于1:1.25。

5.2.10 路基内设置的隔断层可分为透水性隔断层与不透水性隔断层两种类型。透水性隔断层材料可采用碎石、砂砾、风积沙等，不透水性隔断层材料可采用复合土工膜、土工膜等。

5.2.11 碎石、砂砾隔断层可用于地下水位较高或降水量较大地区各等级公路，并应符合下列规定：

1 粒料最大粒径不宜大于50mm，其中粒径小于0.5mm的粒料含量不应大于5%。
2 隔断层厚度宜为0.3～0.5m。
3 隔断层上下应设反滤层，反滤层可采用透水土工织物或中粗砂。透水土工织物的性能指标应满足表5.2.11的要求；中粗砂的含泥量不应大于3%，厚度宜为0.10～0.15m。

表5.2.11 透水土工织物性能要求

厚度 (mm)	单位质量 (g/m²)	等效孔径 O_{95} (mm)	断裂强度 (kN/m)	CBR顶破强度 (kN)	梯形撕破强度 (kN)	断裂伸长率 (%)
≥2.4	≥300	≤0.21[①]；≤$2d_{85}$[②]	≥9.5	≥1.5	≥0.24	≥50

注：[①]适用于细粒土（粒径d小于0.075mm的颗粒含量大于或等于50%）。
　　[②]适用于粗粒土（粒径d小于0.075mm的颗粒含量小于50%）；d_{85}为土的特征粒径。

5.2.12 风积沙隔断层可用于碎石、砂砾材料缺乏且风积沙丰富地区的二级及二级以下公路，并应符合下列规定：

1 风积沙中易溶盐含量应小于0.3%。
2 风积沙中粒径小于0.075mm的颗粒含量不应大于5%。
3 隔断层厚度宜为0.5～0.6m。
4 风积沙隔断层宜进行包边防护，包边填料可采用中粗砂、砾石等，包边宽度宜为0.3～0.5m。

条文说明

风积沙从颗粒组成上来划分属于细砂，其中0.075mm以下的颗粒含量不超过10%，但其对毛细管水上升高度有很大的影响。根据有关研究，当风积沙中0.075mm以下的颗粒含量为0%时，毛细管水上升高度为46.3cm；当0.075mm以下的颗粒含量为5%时，毛细管水上升高度为61cm。因此，基于对毛细管水上升高度的考虑，风积沙用作隔断层时，0.075mm以下的颗粒含量不能超过5%。

对于风积沙隔断层的厚度,并非越厚越好,当厚度超过0.6m时,隔断效果基本相同。另一方面,当隔断层的厚度不超过0.4m时,基本起不到隔断的作用。因此,推荐风积沙隔断层的厚度采用0.5~0.6m。

由于风积沙中细颗粒的影响,并不能完全隔断毛细管水的上升,仍有部分盐分会随毛细管水穿过隔断层进入其上路基土中,导致路基土次生盐渍化。因此,对风积沙隔断层限于在二级及二级以下的公路中使用,高速公路和一级公路不能采用风积沙隔断层。

5.2.13 复合土工膜隔断层可用于盐渍土地区各等级公路。中盐渍土路段,可采用一布一膜复合土工膜;强、过盐渍土路段,宜采用两布一膜或三布两膜复合土工膜。复合土工膜的性能指标应满足表5.2.13的要求,其具体设置应符合下列规定:

1 铺设在细粒土内的复合土工膜隔断层,其上下应各设厚度不小于0.2m的粒料排水层;粒料可采用中粗砂或砂砾,最大粒径不应大于50mm,粒径小于0.075mm的颗粒含量不应大于10%。

2 铺设在粗粒土内的一布一膜隔断层,可在有膜的一面设厚度0.1m的砂或风积沙保护层。

表5.2.13 复合土工膜性能要求

类型	膜厚度 (mm)	总厚度 (mm)	布单位质量 (g/m²)	垂直 渗透系数 (cm/s)	断裂强度 (kN/m)	CBR 顶破强度 (kN)	梯形 撕破强度 (kN)	断裂伸长率 (%)
一布一膜	≥0.25	≥1.9	≥250	1×10^{-9} ~ 1×10^{-12}	≥14	≥2.5	≥0.35	≥30
两布一膜	≥0.30	≥2.4	≥150		≥17	≥3.0	≥0.42	
三布一膜	≥0.25	≥3.5	≥100		≥24	≥3.5	≥0.60	

条文说明

在细粒土内复合土工膜隔断层上下设排水层,其目的是避免路基内的水分及盐分在膜的上下积聚而导致路基土次生盐渍化,同时避免水分对路基软化影响路基稳定性。

5.2.14 土工膜隔断层可用于盐渍土地区三、四级公路,土工膜的性能指标应满足表5.2.14的要求,其具体设置应符合下列规定:

1 土工膜隔断层上下应设保护层,保护层材料可采用砂或风积沙。
2 铺设在粗粒土内的土工膜隔断层,其保护层厚度可采用0.1m。
3 铺设在细粒土内的土工膜隔断层,其保护层兼有排水作用,厚度不应小于0.3m,粒径小于0.075mm的颗粒含量不应大于10%。

表 5.2.14 土工膜性能要求

厚度 （mm）	单位质量 （g/m²）	垂直渗透系数 （cm/s）	断裂强度 （MPa）	圆球顶破强度 （N）	直角撕破强度 （N/mm）	断裂伸长率 （%）
≥0.3	≥300	$1\times10^{-9} \sim 1\times10^{-12}$	≥12	≥250	≥40	≥300

5.2.15 隔断层位置应根据沿线水文条件、路基土质类型、隔断防治目的等确定，并应符合下列规定：

1 隔断层应设置在路床以下并高出地表长期积水位或地面0.2m以上，挖方路段宜高出边沟流水水位0.2m以上。

2 采用路基换填与隔断措施综合处理的改建路段，隔断层位置宜在换填层下部。

3 隔断层深度，在高速公路、一级公路中不应小于当地最大冻深，在二级公路中不应小于当地最大冻深的80%，在三、四级公路中不应小于当地最大冻深的70%。

4 隔断层路拱横坡不应小于2%，最大横坡不应超过5%。

条文说明

隔断层在阻隔毛细管水的同时，可能会导致隔断层下面聚集水分和盐分，形成软弱夹层；若大量硫酸盐聚集将会出现盐胀。当隔断层埋置深度不够时，隔断层以上路基填料和路面结构等荷载不能抑制盐胀力对上层结构的破坏作用，将引起路面开裂、鼓包等病害。根据相关研究资料，当盐胀路基上部非盐胀覆盖层厚度大于1m时，盐胀力对路面结构的破坏作用将大幅度减小，因此将隔断层设置在路床以下是基本的保证。此外，从防止冻胀的角度考虑，并遵循经济、安全、适用的原则，按公路等级提出隔断层设置深度的要求。

5.3 路基填料设计

5.3.1 路基填料宜采用砂砾、风积沙等粗粒料，也可采用盐渍土或岩盐。盐渍土的可用性应按表5.3.1确定。

表 5.3.1 盐渍土用作路基填料的可用性

土类	盐类	盐渍化程度	高速公路、一级公路			二级公路			三、四级公路	
			路床	上路堤	下路堤	路床	上路堤	下路堤	路床	上路堤
粗粒土	氯盐渍土及亚氯盐渍土	弱盐渍土	△¹	○	○	○	○	○	○	○
		中盐渍土	×	△¹△²	○	△¹	○	○	○	○
		强盐渍土	×	×	○	×	△³	○	×	○
		过盐渍土	×	×	×	×	△³	×	△³	
	硫酸盐渍土及亚硫酸盐渍土	弱盐渍土	△¹△²	○	○	△¹	○	○	○	○
		中盐渍土	×	×	○	×	○	○	△¹	○

续表 5.3.1

土类	盐类	盐渍化程度	高速公路、一级公路			二级公路			三、四级公路	
			路床	上路堤	下路堤	路床	上路堤	下路堤	路床	上路堤
粗粒土	硫酸盐渍土及亚硫酸盐渍土	强盐渍土	×	×	×	×	×	△¹	×	△³
		过盐渍土	×	×	×	×	×	×	×	×
细粒土	氯盐渍土及亚氯盐渍土	弱盐渍土	×	○	○	○	○	○	○	○
		中盐渍土	×	×	○	×	△²	○	×	○
		强盐渍土	×	×	×	×	×	△³	×	△³
		过盐渍土	×	×	×	×	×	△³	×	×
	硫酸盐渍土及亚硫酸盐渍土	弱盐渍土	×	×	○	×	○	○	△¹	○
		中盐渍土	×	×	×	×	×	○	×	△²
		强盐渍土	×	×	×	×	×	×	×	×
		过盐渍土	×	×	×	×	×	×	×	×

注：1. 表中○-可用；×-不可用。
    2. △¹-除粉土质砂（砾）、黏土质砂（砾）以外的粗粒土可用。
    3. △²-地表无长期积水、地下水位在3m以下的路段可用。
    4. △¹△²-两种条件同时满足时可用。
    5. △³-过干旱地区经论证可用。

5.3.2 隔断层以上的路基填料应按表5.3.1中路床部分的规定控制，隔断层以下的路基填料可按表5.3.1中下路堤的规定控制。在干旱、过干旱地区，氯盐渍土及亚氯盐渍土路堤填料不受地下水毛细管水上升影响时，填料的含盐量可不作限制。

5.3.3 路堑与低填路基路床填料及长期积水路段路基填料应采用水稳定性好的砂砾、碎石等材料，不宜采用风积沙。

条文说明

    风积沙是一种水稳定性较好的材料，盐渍土地区路基常用其作填料。但是在长期积水路段和路床位于地表以下时，由于风积沙毛细管水上升高度较大，容易导致路基的次生盐渍化，故不推荐采用。

5.3.4 当盐渍土强度达不到路基相应层位的强度要求时，可对其进行物理改良或化学改良。物理改良宜掺加碎石、砂砾等粗粒料，粗粒料掺加的质量比（粗粒料：盐渍土）不宜小于0.6:1；化学改良硫酸盐渍土应掺加抗硫酸盐水泥，水泥掺量宜为3%~5%；化学改良氯盐渍土可掺加石灰，石灰掺量宜为5%~6%。

条文说明

《公路路基设计规范》(JTG D30—2015)中对路基填料要求的强度指标主要是承载比(CBR),结合路面结构设计,对路床顶面回弹模量也有要求。这两项指标对于细粒盐渍土往往达不到,根据工程实践经验,采用掺加碎石、砂砾等粗粒料或掺加水泥、石灰进行改良是有效的。

5.3.5 岩盐填料宜沿线设取土坑开采,取土坑上边缘距离路基坡脚应大于5m,开采深度不宜大于0.4m。岩盐填料的易溶盐含量不宜低于40%。

5.3.6 用于岩盐填料施工压实的卤水可沿线每2km设一处取水坑取用,地下水位较深时可集中取水。卤水矿化度不宜低于300g/L。

5.4 路基防护与支挡设计

5.4.1 路基防护设计应根据土质、气候、路基高度、边坡坡率、防护材料类型等因素,综合确定防护措施,保证路基边坡的稳定性和耐久性。

5.4.2 应加强植物防护和骨架植物综合防护,并应优先选择当地耐盐碱植物。

条文说明

目前盐渍土地区路基边坡防护总体来看做得不够精致,有铺砌的工程防护措施不强,边坡植物也基本上是任其自然生长。这种现状与盐渍土地区干旱少雨有一定的关系,一是边坡水毁不严重,二是植物生长条件差,环境条件造成了目前的局面。不过随着人们对建设公路品质工程理念的提升,这种情况正在逐步改观,一些地区对盐渍土路基的防护特别是植物防护进行了有益的探索,取得了良好的效果。植物防护采用当地耐盐碱植物具有成本低、成活率高的优势,理应作为首选。根据盐渍土地区的实践经验,草本植物可以选择白沙蒿、星星草、红豆草、沙打旺、碱蓬、骆驼刺、野大麦、碱茅等;灌木植物可以选择沙棘、柽柳(红柳)、紫穗槐、黄刺玫、榆叶梅、盐节木等。

5.4.3 盐渍土路基边坡可采用空心砖、有孔预制块等铺面防护,或采用干砌片石、浆砌片石等骨架防护。岩盐路基边坡可采用卵石、干砌片石防护。

条文说明

为使盐渍土路基边坡临空透气,有利于路基填料干燥和盐分表聚,边坡防护结构要求是有孔、透气的而不是密闭的,故空心砖、有孔预制块,以及干砌片石、浆砌片石骨架等是常用的防护方式。岩盐路基边坡一般不需要专门的防护,边坡受损时可以采用浇洒饱和卤水的方法修补；若要防护可以用卵石、干砌片石防护。

5.4.4 位于地面横坡陡于1:2.5斜坡上的路基、边坡较高的路基或与其他建筑物相互干扰的路基，可设置挡土墙等构造物支挡。挡土墙设计应符合现行《公路路基设计规范》（JTG D30）的有关规定，并应符合下列规定：

1 挡土墙地基应有足够的承载力，地基的溶陷量和盐胀量应分别满足表4.1.3-1和表4.1.3-2的要求。当不满足要求时，应按照本细则第4章的方法进行地基处理。

2 当冻结深度小于或等于1m时，挡土墙基底应设于冻结线以下不小于0.25m，且基底最小埋置深度不应小于1m。冻结深度大于1m时，基底最小埋置深度不应小于1.25m，并应将基底至冻结线以下0.25m深度范围内的地基土换填为非冻胀材料。

3 挡土墙墙背填料应采用碎石、砂砾等透水性填料，并适当加密泄水孔。

4 挡土墙结构防腐蚀处理设计应符合本细则第4.7节的有关规定。

5.5 路基排水设计

5.5.1 路基排水应设置完善的排水系统，使路表排水、中央分隔带排水、坡面排水、路侧排水的设施衔接合理，排水通畅，防止积水与下渗，避免发生溶陷导致路基破坏。

5.5.2 填方路基较高时，路表水宜采用集中排放，必要时可采用横向分散排放。

条文说明

路表水集中排放与分散排放各有其优缺点，集中排放可以避免水对边坡的冲刷，但在暴雨季节易形成路面积水，威胁行车安全；分散排放对于未做骨架防护的坡面易造成冲刷，但排水迅捷，并可降低工程造价。鉴于盐渍土地区暴雨较少，路面积水现象不严重，为保证路基边坡安全，当路基高度在3m以上时一般采用集中排水。若考虑降低工程造价等因素，也可以采用分散排水。

5.5.3 中央分隔带排水应符合下列规定：

1 中央分隔带表面宜采用铺面封闭式，铺面应采用两侧外倾的横坡，坡度宜与路面横坡度相同，铺面下面宜设置防水层。

2 中央分隔带表面未采用铺面封闭时，其内部宜设置由防水层、纵向排水渗沟、集水槽、横向排水管、急流槽等组成的综合排水系统。

3 中央分隔带回填土与路面结构层之间应设置防水层。

条文说明

由于盐渍土地区以干旱气候为主，降水量小，中央分隔带绿化条件差、成本高，同时植物浇水下渗容易引起地基溶陷，所以中央分隔带排水宜采用铺面封闭式。铺面材料一般采用现浇或预制混凝土板、沥青表处等。

5.5.4 地面排水困难、地下水位较高的路段，应在路侧设置排水沟，并应符合下列规定：

1 排水沟与路基坡脚的距离不应小于2m。
2 排水沟可采用梯形断面，边坡坡率宜采用1:1~1:1.5。
3 排水沟深度不应小于1m，沟底宽度不宜小于0.6m，沟底纵坡不宜小于0.2%。
4 出水口应与桥涵排水系统或蒸发池连接。

条文说明

盐渍土地区地面排水困难、地下水位高的路段，很容易导致路基次生盐渍化，设置排水沟具有降低地下水位、削弱毛细管水上升和输排地面盐分双重作用，所以这种排水沟在盐渍土地区也称为排碱沟。为保证其降水效果，沟的开挖深度不能太浅。

5.5.5 当斜坡路堤或挖方边坡一侧的坡面汇水面积较大时，可在路基上方一侧5m以外设置截水沟，并应符合下列规定：

1 截水沟可采用梯形断面，边坡坡率宜采用1:1~1:1.5。
2 沟的深度及沟底宽度不宜小于0.5m，沟底纵坡不宜小于0.3%。
3 设置长度不宜超过500m，出水口应与排水沟、急流槽或桥涵进水口等排水设施平顺衔接。

5.5.6 地面排水困难路段可设置蒸发池，并应符合下列规定：

1 蒸发池与路基坡脚的距离不应小于10m。
2 蒸发池容量不宜大于300m³，蓄水深度不应大于1m。
3 蒸发池顶四周可设土埂（挡水埝）围挡其他水流入池；应采用隔离栅围挡防护，其高度不应低于1.8m，并应设置警示牌。

6 路基施工

6.1 一般规定

6.1.1 施工前应熟悉设计文件、清楚设计意图和技术标准，并进行现场核对。

6.1.2 应根据对设计文件核对后的工程项目、工程量、现场情况、工期要求和施工条件，结合盐渍土环境特点和设备配置，遵循专业化、机械化、标准化、信息化施工的原则，编制施工组织设计。

6.1.3 应根据当地的气候条件及盐渍土的性状，合理确定施工时间。

6.1.4 施工前应做好临时排水，临时排水设施应与永久排水设施综合考虑，并与工程影响范围内的自然排水系统相协调。

6.1.5 盐渍土路基施工用水宜采用淡水，且应符合现行《混凝土用水标准》（JGJ 63）的规定。岩盐路基施工用水应采用饱和卤水。

6.1.6 盐渍土路基填筑应分层分段连续施工。施工中断时，应对工作面采取防渗、防蒸发措施。

条文说明

盐渍土地区蒸发量大，路基施工表面极易风干，随之下层水分便挟盐上升，最后聚积于表层。若不能连续施工，就会使下层盐分向上层转移逐层递补，最终造成上部路基次生盐渍化。一般来讲在一个施工年度内，设有隔断层的路基要连续填至隔断层顶部，不设隔断层的路基要连续填至路床顶面。

6.1.7 防护工程施工应与路基填筑施工紧密结合、合理衔接，防止降水、风蚀对坡面的破坏。

6.1.8 弃土应堆放在设计确定的区域，高含盐量的清表弃土应远离路线堆放。

6.1.9 施工期间应对施工区域采取洒水、覆盖等降尘、防尘措施。

6.1.10 路基施工质量检验方法与标准应符合现行《公路路基施工技术规范》(JTG/T 3610)的有关规定。

6.2 路基填筑

6.2.1 路基填筑前应清表碾压，并应符合下列规定：
1 弱盐渍土或非盐渍土路段表土清除厚度宜为0.3m。
2 中、强、过盐渍土路段表土清除厚度宜为0.4~0.5m。
3 清除表土后应对地基进行碾压，二级及二级以上公路压实度不应小于90%，三、四级公路压实度不应小于85%。

条文说明

一般路段的清表处理在于清除路基范围内的植物根系、腐殖土、垃圾土及地表盐霜、盐壳等，对盐渍化程度高的表土加大清除厚度，有利于减少毛细管水上升过程中挟带的盐分，减缓路基底部填料的次生盐渍化。

6.2.2 设计上要求进行地基处理的路段，应在地基处理并经检验合格后进行路基填筑。

6.2.3 路基应分段分层填筑压实。细粒土最大松铺厚度不宜大于0.3m，粗粒土最大松铺厚度不宜大于0.4m，风积沙最大松铺厚度不宜大于0.5m；碾压时细粒土含水率宜控制在 $w_{opt} \pm 1\%$ 范围内，粗粒土含水率宜控制在 $(w_{opt} - 2\%) \sim (w_{opt} + 3\%)$ 范围内。

6.2.4 透水性隔断层的压实度，高速公路、一级公路不应小于96%，其他等级公路不应小于94%。

6.2.5 盐渍土路基施工应进行含盐量检测，路床填料每5 000m³、路堤填料每10 000m³应检测一次含盐量；料源有明显变化时，应增加含盐量检测次数。

6.2.6 设有包边防护的风积沙路基，应先施工包边部位，之后填筑风积沙。应将包边与风积沙同时碾压；碾压时应遵循先稳压、后振压、再稳压的顺序；压实后包边与中间填料的顶面应平齐。应考虑松铺系数的差异，合理确定包边填料和风积沙一次铺设的厚度。

条文说明

由于风积沙与包边填料的松铺系数不同,因此两者摊铺的高度是有差异的。具体摊铺时需要先做包边部分形成路槽,之后在路槽内摊铺风积沙;采用平地机将两部分分别初步刮平,之后一起碾压,一定要保证压实之后两部分的顶面齐平。松铺系数、松铺厚度、碾压机械、碾压方法、碾压遍数等需要通过现场试验段试验确定。根据工程经验,风积沙的松铺系数一般为 1.3~1.4,砂砾、碎石的松铺系数一般为 1.1~1.2。

6.2.7 风积沙路基施工,天然含水率不超过 1% 时,宜采用干压法;天然含水率大于 1% 时,宜采用湿压法。

条文说明

由于风积沙具有干压实与湿压实两种特性,在干燥(含水率为 0%~0.5%)和饱水两种状态下均可达到较大的干密度,因此干旱缺水条件下可采用干压法,省去洒水闷料工艺,节约用水,降低工程造价。为保证压实效果,采用干压法时压路机需采用低速、高频、小振幅的方式工作。

6.2.8 风积沙路基封顶层采用砂砾、碎石等粒料时,可视情况在风积沙顶面铺设一层土工织物改善上料车辆行驶条件。

6.2.9 岩盐路基施工应分层摊铺、破碎、浇洒饱和卤水、碾压,岩盐粒径不应大于 150mm。岩盐松铺厚度不应大于 0.4m,压实厚度不应大于 0.25m,卤水浇洒量宜按 w_{opt} + 2% 控制。

条文说明

从取土坑开采的岩盐上路后,需要用履带推土机往返摊料破碎碾压,必要时还需要用羊角碾强振破碎碾压;当破碎后的粒径达到 100~150mm 时,即可刮平碾压。由于盐块破碎前后堆积体积发生变化,松铺系数也需要调整,以保证对压实厚度的准确控制。未破碎之前上料的松铺系数一般为 1.4~1.6,碾压破碎并刮平之后的松铺系数一般按 1.19 控制。

6.2.10 岩盐路基应按表 6.2.10 的要求进行工程质量检验。

表 6.2.10 岩盐路基施工质量标准

项次	项 目	规定值或允许偏差	检查方法和频率
1	压实度	满足设计要求	灌砂法:每 200m 每压实层测 2 处
2	弯沉	满足设计要求	贝克曼梁等方法

续表 6.2.10

项次	项目	规定值或允许偏差	检查方法和频率
3	纵断高程（mm）	+15，-25（+10，-20）	水准仪：每200m测2点
4	中线偏位（mm）	100	全站仪：每200m测2点，弯道加测HY、YH两点
5	宽度	不小于设计值	尺量：每200m测4处
6	平整度（mm）	25（20）	3m直尺：每200m测2处×5尺
7	横坡（%）	±0.5	水准仪：每200m测2个断面
8	边坡坡率	满足设计要求	每200m测4点

注：1. 表中括弧内数值为岩盐路面要求的标准。
　　2. 弯沉仅在铺设沥青路面时对路基顶面进行检测。

6.3 隔断层施工

6.3.1 碎石、砂砾隔断层施工应符合下列规定：

1 碎石、砂砾隔断层应按设计的厚度及路拱横坡全层一次摊铺并整平。

2 碎石、砂砾隔断层压实宜先用履带推土机或8～10t的双钢轮压路机稳压2遍，之后用12t以上的振动压路机碾压；应由路基两侧向中间碾压。

3 当隔断层上下设透水土工织物反滤层时，土工织物铺设方法应符合本细则第6.3.3条第1款、第2款的规定。

6.3.2 风积沙隔断层施工方法应符合本细则第6.2.6条、第6.2.7条的有关规定。

6.3.3 复合土工膜、土工膜隔断层施工应符合下列规定：

1 复合土工膜、土工膜应沿路线纵向全断面铺设，铺展后应紧贴下承层，不得有褶皱。有破损时，应在破损处用2倍破损面积的膜材修补。

2 横向搭接应内幅压外幅，搭接宽度不宜小于0.2m，最外侧一幅搭接宽度应大于0.3m；纵向搭接宽度应大于0.5m。

3 铺设完成后，应及时上料覆盖，避免长时间暴晒老化。

4 与复合土工膜、土工膜配合设置的粒料排水层或保护层中不得夹有带棱角的石块，并应严格控制距离膜材80mm以内的粒料最大粒径不大于50mm，必要时应人工拣除。

5 膜上第一层排水层或保护层填料应采用轻型推土机或人工摊铺，运料车应倒行卸料或人工倒运；摊铺后的填料宜采用履带推土机或8～10t的双钢轮压路机稳压2遍。随后摊铺的路基填料应与第一层填料一起碾压并达到同样的压实度，两者的压实厚度之和不应大于0.4m。

6.3.4 复合土工膜、土工膜隔断层应按表 6.3.4 的要求进行工程质量检验。

表 6.3.4 复合土工膜、土工膜隔断层施工质量标准

项次	项目	规定值或允许偏差	检查方法和频率
1	下承层平整度、拱度	满足设计要求	每 200m 检查 4 处
2	搭接宽度（mm）	+50，-0	尺量：抽检 2%
3	搭接缝错开距离	满足设计要求	尺量：抽检 2%
4	搭接处透水点	不多于 1 处	每条缝

6.4 路基防护与支挡工程施工

6.4.1 防护工程砌筑用砂浆，硫酸盐环境时应采用抗硫酸盐水泥，氯盐环境时应采用硅酸盐水泥或矿渣硅酸盐水泥。砂浆应采用机械拌和，随拌随用。砂浆初凝后，应及时进行养护。

6.4.2 植物防护施工应符合下列规定：
1 应按设计要求，选择适宜的季节施工。
2 植草、植灌可采用沟种、撒种、穴种、植生袋等方式实施，宜结合具体工程条件选用。
3 植草、植灌后应适时洒水、浇水、施肥，加强前期养护。养护期限应根据植物生长状况而定，不宜少于 45d。
4 苗木成活率，以及其他地被植物发芽率应达到 85% 以上。

条文说明

盐渍土地区植物的播种时间一般选在春天及秋天，因为早春的墒情好，利于苗木出土；秋天土温高、水分多、盐分少，也利于出苗。

用沟种播种时，要按照深沟、浅播的原则实施。因为土壤中盐分在表层分布多，在下面分布少，开沟之后盐分还会向较高的沟背积累，相对降低了沟底土壤中的盐分含量；浅播利于种子较快出土发芽，减少盐害的影响。一般开沟的深度为 70~100mm，沟距为 0.5m。

穴种和植生袋种植方式能保证高的出苗率，但工程造价较高，一般用在高速公路和一级公路上。有些地区采用就地取材的方法，将风积沙和少量保水剂搅拌之后装入土工编织袋，再将土工编织袋铺在路基边坡上并加以固定，之后在土工编织袋上打孔穴种，也能取得较好的种植效果。

6.4.3 空心砖、有孔预制块防护施工应符合下列规定：
1 铺设前应整平坡面，设置厚度不小于 0.1m 的砂砾垫层。

2 应采用错缝铺砌，铺砌面应平顺。
3 伸缩缝设置间距宜为10~15m，缝宽宜为20~30mm。

6.4.4 干砌片石防护施工应符合下列规定：
1 铺设前应整平坡面，设置厚度不小于0.1m的砂砾垫层。
2 片石厚度不应小于0.15m，不得使用卵形和薄片的石料。
3 片石砌筑应嵌紧，接缝应错开。

6.4.5 浆砌片石防护施工除应符合本细则第6.4.4条的规定外，尚应符合下列规定：
1 所有石块均应放置于新拌和的砂浆上，砂浆应饱满密实。
2 石料应分层砌筑，2~3层组成的工作面宜找平。
3 伸缩缝设置间距宜为10~15m，缝宽宜为20~30mm。

6.4.6 骨架防护施工应符合下列规定：
1 应按设计图纸准确放样，在坡面上标定出关键点的位置，之后挂线开挖骨架沟槽。
2 骨架应自下而上逐条砌筑，并与边坡及开挖骨架沟槽紧贴。应先砌筑骨架衔接处，再砌筑骨架其他部分；应使两骨架衔接处位于同一高度。
3 骨架顶部、底部及两侧范围，应进行镶边加固。
4 骨架内种有植物时，应在砌筑骨架砂浆强度达到设计强度的70%以上时进行种植施工。

6.4.7 岩盐路基边坡采用卵石防护施工应符合下列规定：
1 宜选用粒径大小较均匀的卵石，最大粒径不宜大于100mm，其中粒径50~100mm部分的质量应占总质量80%以上。
2 宜采用人工在坡面上铺设，铺设时应使大小石料分布均匀，避免同一粒径局部堆积。
3 可采用平板振动夯或人工拍实，密实后的卵石防护层厚度宜为100mm。

6.4.8 挡土墙施工应符合现行《公路路基施工技术规范》（JTG/T 3610）的有关规定，并应符合下列规定：
1 基础开挖后应及时进行基础和墙身浇筑施工，基坑开挖后的暴露时间不宜超过15d，每段挡土墙施工持续时间不宜超过50d。
2 应结合现场实际地形、地质变化情况设置挡土墙分段长度，分段处应设置变形缝（沉降缝和/或伸缩缝）。
3 墙背应及时进行回填，填料应满足设计要求。
4 墙背回填时，距离墙背1.0m范围内，应采用小型机具夯实，不得采用大型压路机碾压。

5 挡土墙结构防腐蚀处理施工应符合本细则第4.7节的有关规定。

6.5 排水工程施工

6.5.1 排水沟渠开挖边界线形应平顺，转弯处宜为半径不小于10m的弧线形。

6.5.2 开挖后的排水沟渠底部及坡面应夯实，压实度应达到90%。

6.5.3 排水沟渠铺砌加固时，应铺设厚度为20~50mm的砂浆找平层；当设置土工合成材料防渗层时，应将其置于砂浆找平层之上。

6.5.4 急流槽施工应符合下列规定：
1 急流槽基础应稳固嵌入地面及坡体内，槽底面应砌筑抗滑平台或凸榫。
2 当急流槽较长时，应分段砌筑，分段长度宜为5~10m，接头处应采用防水材料填塞密实。
3 混凝土预制块急流槽，分段长度宜为2.5~5.0m，接头处应采用榫接。
4 急流槽进水口的水簸箕应与急流槽平顺衔接，汇集路面水流的水簸箕底口不得高于接口的路肩表面。

6.5.5 蒸发池应按设计的坡度和深度开挖，开挖弃方应及时运至弃土场，严禁在池边堆放。当开挖深度距离池底0.2m时，应采用人工开挖至池底设计高程。

6.6 路基监测

6.6.1 盐渍化软土路基应对地表沉降、地表水平位移等进行监测，盐渍土路基应对毛细管水挟盐上升变化状况、路基次生盐渍化程度进行监测。监测项目确定应符合表6.6.1的规定。

表6.6.1 路基监测项目

监测项目	监测仪器设备	监测频率	监测目的	适用公路技术等级
地表沉降	沉降板、水准仪	1. 路堤填筑初期每填筑1层监测1次，路堤填高达到极限高度后每天监测1次，临时中断施工或填筑间隙期每3d监测1次且不少于1次； 2. 预压期第1个月内每3d监测1次，第2~3个月每7d监测1次，第4个月至预压期末每15d监测1次	1. 监测地表沉降，评价路基稳定性，对盐渍化软土地基路堤填筑加载速率进行控制； 2. 预测沉降趋势，确定预压卸载时间； 3. 为施工期间沉降土方量计算提供依据	二级及二级以上公路

续表 6.6.1

监测项目	监测仪器设备	监测频率	监测目的	适用公路技术等级
地表水平位移	水平位移桩、全站仪、钢尺	路堤填高达到极限高度后至预压期开始,每天监测1次；临时中断施工或填筑间隙期每3d监测1次且不少于1次	监测地表水平位移及地表隆起量,评价路基稳定性,对盐渍化软土地基路堤填筑加载速率进行控制	二级及二级以上公路
深层水平位移	测斜管、测斜仪	路堤填高达到极限高度后至预压期开始,每天监测1次；临时中断施工或填筑间隙期每3d监测1次且不少于1次	监测地基深层土体水平位移,掌握潜在滑动面发展变化,评价路基稳定性,对盐渍化软土地基路堤填筑加载速率进行控制	高速公路、一级公路
地下水位	水位管、水位测量仪	1. 用于配合其他监测项目综合评价路基稳定性时,监测频率与该项目监测频率相同或适当提高； 2. 用于超静孔隙水压力计算的稳定水位监测,每7d监测1次； 3. 用于判定毛细管水挟盐上升对路基影响的季节水位监测,在秋季、冬季和春季进行,每月监测2次。通车后可持续监测2~3年	1. 监测施工过程水位变化,配合其他监测项目综合评价路基稳定性； 2. 监测稳定水位,用于盐渍化软土地基超静孔隙水压力计算； 3. 监测季节水位变化,判定毛细管水挟盐上升对路基的影响	二级及二级以上公路；监测季节水位变化适用于高速公路、一级公路
路基次生盐渍化	盐分传感器	在秋季、冬季和春季监测,每月监测2次。通车后可持续监测2~3年	评价强、过盐渍土路段路基次生盐渍化程度及隔断层隔盐效果,对路基次生盐渍化病害防患于未然	高速公路、一级公路

注：盐渍化软土地基试验路段的监测项目可根据工程需要增加,具体项目应符合现行《公路软土地基路堤设计与施工技术细则》(JTG/T D31-02)的有关规定。

6.6.2 地表沉降监测应符合下列规定：

1 监测断面在一般路段宜每100m布设一处；在路堤高度达到极限高度的路段,宜每50m布设一处；在跨度大于30m的构造物两端相邻路堤段应各布设一处,跨度不大于30m时可仅在一端布设。

2 沉降板应设置于路中心,与构造物相邻的路堤段宜在两侧路肩及边坡坡脚位置增设沉降板。沉降监测基准点应设置在不受路基沉降影响的位置；可在附近桥涵构造物施工后,设置在构造物上。

3 路堤填筑期和预压期的沉降可按三等水准测量要求观测,采用DS_3型水准仪配红黑面木尺或因瓦尺,观测允许误差应为±3mm；预压后期沉降小时,可采用DS_1型水准仪配因瓦尺,按二等水准测量要求进行观测,观测允许误差应为±2mm。

4 应根据沉降监测资料绘制沉降-时间-荷载关系曲线，分析沉降发展趋势，计算沉降速率，推算工后沉降量，做好加载速率控制及预压卸载时间的确定。

6.6.3 地表水平位移监测应符合下列规定：

1 监测断面应设置在路堤高度达到极限高度的路段，宜每50m布设一处；在跨度大于30m的构造物两端相邻路堤段应各布设一处，跨度不大于30m时可仅在一端布设。

2 水平位移桩宜设置于路堤边坡坡脚外10m范围内的位置，每侧宜设置3~4个点。水平位移观测基桩应设置在地基变形影响范围外。

3 按极坐标法采用全站仪观测时，测距误差应小于±5mm；采用普通钢尺量测时，钢尺标准拉力应为100N，并应避开大风时间，测距误差应小于±5mm。

4 应根据地表水平位移监测资料绘制位移-时间-荷载关系曲线，分析位移发展趋势，评价路基稳定性，做好加载速率控制。

6.6.4 深层水平位移监测应符合下列规定：

1 监测断面宜设置在桥头高路堤等重要工程部位及盐渍化软土厚度大、物理力学性质极差的路段。

2 测斜管宜埋设在路堤边坡坡脚位置，其底端进入压缩层底面以下土层的深度不应小于3m，进入岩层时不应小于1m。

3 应在测斜管与周围被扰动土体的相互作用密合稳定后开始观测。每次将测斜仪放至孔底后应静置5min，之后方可开始测读。

4 应根据深层水平位移监测资料绘制位移（时间）-深度关系曲线，及时确定地基中最大位移点，并结合地表水平位移监测资料，分析判定潜在滑动面位置，计算路基稳定安全系数。

6.6.5 地下水位监测应符合下列规定：

1 监测施工过程水位变化及季节水位变化的水位管应埋设在路堤边坡坡脚或路堤内，监测稳定水位的水位管应埋设在路堤及施工荷载应力影响范围以外。

2 水位管宜采用外径50mm或75mm的PVC管制作，其沉淀段长度不宜小于0.5m，进水段长度宜穿透主要潜水层。进水段开孔率宜为15%~20%，应采用无纺土工布包裹形成反滤层；土工布渗透系数应大于1×10^{-2}cm/s，并应满足等效孔径$O_{95} < 0.075$mm。

3 水位管埋设时进水段与孔壁之间应回填中粗砂，其余部分宜采用风干膨润土泥球回填，也可采用中粗砂回填。

4 宜采用接触式有声发光水位测量仪进行观测。观测水位时应同时采用水准仪测量水位管口的高程，并将水位距离管口的深度转换成大地高程系统的高程。

5 应绘制施工过程水位-时间-荷载关系曲线，根据曲线发展变化趋势，配合其他监测项目综合评价路基稳定性。为判定毛细管水挟盐上升对路基影响所观测的季节水位，也可绘制水位-时间关系曲线，根据水位情况，必要时采取减小毛细管水影响的降水、排水措施。

条文说明

2 选用水位管的直径不能太大，因为在渗透性很低的软土地层中，大直径管内的水位上升滞后时间长，会给测量结果带来较大的误差，不利于配合其他监测项目综合评价路基稳定性。根据工程实践经验，$\phi 50mm$、$\phi 75mm$ 两种直径的管子应用较多。

6.6.6 路基次生盐渍化监测应符合下列规定：

1 盐分传感器应布置在路中心和路肩处，宜在路基填筑完成后用钻机、洛阳铲或麻花钻开孔埋设，每个孔中埋设传感器的上下间距宜为0.5~0.6m。传感器之间的填料应采用原路基填料分层回填密实。

2 宜采用盐分传感器接收仪进行读数观测。

3 应绘制含盐量（时间）-深度关系曲线，掌握路基的次生盐渍化程度，对路基次生盐渍化病害防患于未然。

7 路基拓宽改建

7.1 一般规定

7.1.1 拓宽改建设计应搜集既有公路勘察设计、施工和运营养护方面的资料，并对既有路基和拓宽场地进行地质和水文调查、勘探和测试。

7.1.2 应调查与评价既有路基状况，合理利用既有路基，并应采取必要的工程措施对既有路基盐渍土病害进行处理。

条文说明

国内盐渍土地区大部分公路的等级较低，且路基次生盐渍化严重，病害较多，拓宽改建为高速公路和一级公路时难以利用，最好布设新线，而将既有公路作为施工便道或辅道。若将既有公路拓宽改建为二级及二级以下公路，则需优先考虑利用既有公路，以降低工程造价，但需要对其病害进行调查处理，使其强度和稳定性满足要求。一般来讲，当既有公路路基的盐胀程度达到中等或强烈时，需要对既有路面进行挖除或翻修处理；其他情况下可以利用既有路面作为新建公路的路面垫层或路基隔断层。

7.1.3 拓宽路基与既有路基之间应衔接良好，并应采取必要的工程措施减小拓宽路基与既有路基之间的差异沉降，防止产生纵向裂缝。

7.1.4 路基拓宽改建施工应做好交通疏导及管控，最大限度地减小对既有公路通行能力和运营安全的影响。

7.2 既有路基状况调查与评价

7.2.1 应调查了解既有公路使用状况、防护支挡措施、排水措施、边坡稳定状态，以及存在的病害和隐患等。

7.2.2 应对既有路基进行现场勘探与测试，查明路基填料含盐性质、含盐量、含水率及压实度，路基溶陷、盐胀情况，路基路面强度，地下水与路侧积水情况等。

条文说明

对既有路基进行现场勘探与测试重点是在出现病害和存在隐患的路段进行，对出现溶陷、盐胀等病害和存在隐患的路段初步判定主要靠沿线调查、目测；在初步判定的基础上对这些路段采用探地雷达检测（一般采用60MHz的天线），根据检测结果划分出重点路段；对重点路段再进行瞬态瑞利波检测，以确定路段损坏分布的交界面，准确探明路基内部的孔洞（溶洞）、裂隙等形态及范围；最后再选择代表性路段进行钻探取芯试验和标贯试验，确定路基填料次生盐渍化情况、含水率及压实度，路基溶陷、盐胀程度，路基路面强度（CBR值、回弹模量）等。

7.2.3 应结合病害类型和病害程度分段进行路基技术状况评价，分析产生病害的原因，确定病害处理措施。

7.3 既有路基病害处理

7.3.1 对既有路基的溶陷病害，应根据病害程度、病害位置、地下水位、地表积水与排水状况等条件，采取挖除换填、设置隔断层、降水、排水、强夯、注浆等措施进行处理。

条文说明

既有路基溶陷病害是由于氯盐（$NaCl$、$MgCl_2$、KCl、$CaCl_2$）因水溶解和迁移所引起的，主要表现形式包括路面裂缝、坑槽、路基不均匀沉陷、边坡塌陷等。采取挖除换填、设置隔断层、降水、排水等措施，具有与治理盐胀病害同样的效果，不同之处在于病害对象有别，即溶陷是氯盐病害，盐胀是硫酸盐病害。

采用强夯对路基夯实可以使路基土中由于盐分被水溶解和迁移产生的孔隙减小，从而使溶陷性减小。此外，通过强夯还可以消除路基的不均匀沉陷，提高路基密实度与强度。强夯可以先在既有公路上实施以消除其病害，之后再在拓宽改建后的公路上全幅实施，以加强新旧路基的整体性衔接。

注浆加固主要是针对盐分溶解和迁移之后，在路基中形成的孔洞（溶洞）、裂隙等病害的处理。由于浆液中水分的影响，注浆实施过程中可能会引起路基沉降，但沉降量一般不大。

7.3.2 对既有路基的盐胀病害，应根据病害程度、路基高度、路基路面结构形式、地下水位、地表积水与排水状况等条件，因地制宜，采取挖除换填、设置隔断层、抬高路基、降水、排水、增强路面结构等措施进行处理。

条文说明

既有路基盐胀病害是由于硫酸盐（Na_2SO_4、$MgSO_4$、$CaSO_4$）因温度及含水率变化发生体积变化所引起的，其表现形式主要有路面波浪、拥包、裂缝、路基不均匀沉陷、边坡松胀等。对病害路面采取挖除换填或翻修是较为彻底的处理方法，适用于既有路基次生盐渍化程度达到盐胀性中等或盐胀性强烈的情况（隔断层以下的路基填料最为严重）；此时路面波浪、拥包及路基不均匀沉陷导致路面平整度严重下降，行车安全受到极大威胁。

设置隔断层（碎石、砂砾、风积沙、土工膜等）可以阻断毛细管水挟盐向路基上层或路面结构层迁移，从而避免盐胀的发生，该措施是盐渍土路基病害防治常用措施。

抬高路基措施增加了路基顶面到地下水位的距离，使毛细管水的上升距离增大，从而减少进入路基上部的水分和盐分，达到限制盐胀的目的。此外，抬高路基还可以改善路基的温度条件，减小温度区间，有利于抑制盐胀的发生和发展。

开挖排碱沟既能降低地下水位，增大了毛细管水上升的距离，又能使路基中的盐分随自由水逐渐排除，从而削弱盐胀的作用。

增强路面结构措施，是通过设置粒料（碎石、砂砾等）垫层和水泥稳定粒料基层，提高路面结构抵抗不均匀变形的能力。该措施主要是针对既有公路等级为三、四级的公路盐胀病害处理；一般是在既有路面结构层上铺设 0.2~0.3m 的天然级配砂砾垫层，再铺设 0.15m 的水泥稳定砂砾基层，最后铺设新的面层。

以上处理措施可以根据病害的具体情况综合使用，如挖除换填与设置隔断层相结合；设置隔断层、抬高路基与增强路面结构相结合；降水、排水与抬高路基相结合等。

7.3.3 既有公路边坡的松胀、塌陷病害，可采用挖除换填或改良加固等措施进行处理。拓宽一侧的边坡则可与开挖台阶相结合一并处理。

条文说明

边坡松胀主要是由于盐胀造成的，一般挖除边坡上厚度 0.2~0.3m 的含盐量高的土，用含盐量满足本细则表 5.3.1 规定的填料回填即可；盐胀引起的边坡塌陷也可用同样的方法处理。对氯盐渍土溶陷引起的边坡塌陷除可采用挖除换填的方法处理外，还可采用石灰对氯盐渍土进行改良加固，一般石灰的掺量为 5%~6%。可将边坡上厚度 0.2~0.3m 的含盐量高的土开挖后就地掺拌石灰，之后再回填到边坡上。对于拓宽一侧的边坡，由于削坡及开挖台阶后相当厚度的边坡土被挖除废弃，一般不用再考虑处理。若病害部位深入到台阶，则可在拓宽部分填筑时一并处理。

7.3.4 既有公路盐渍化软土地基的病害，应根据本细则第 4 章的有关要求，结合拓宽路基方案，综合分析选定处理措施。

条文说明

由于盐渍土地区既有公路大部分是低等级公路，软土路段的公路建设基本不考虑容许工后沉降标准，所以很少做地基处理或做很简单的处理，后期发生的沉降主要是通过反复加铺的方法弥补；其病害主要表现在工后沉降量过大、桥头跳车严重、路基强度不足等。拓宽改建公路一般要考虑对容许工后沉降的控制，以保证其使用品质，因此通常需要进行地基处理。为保证拓宽改建公路的整体性，对新、旧公路地基采用同样的处理方式是适宜的。如果既有公路沉降已经稳定，路基高度不大，且拓宽改建后路基高度基本不变，则可以不考虑地基处理。

7.4 路基拓宽设计

7.4.1 拓宽设计应采取加强地基处理和新旧路基衔接等措施，控制既有路基与拓宽路基之间的差异沉降，既有路基与拓宽路基的路拱横坡度的工后增大值不应大于0.5%。

条文说明

对路拱横坡度工后增大值限定的目的是控制由于差异沉降引起的路面结构开裂破坏，因此路拱横坡度工后增大值的计算范围界定为既有路基边缘至拓宽部分路基重心处，因为在该范围内计算的路拱横坡度工后增大值最大。

7.4.2 拓宽路基地基处理，应考虑既有路基沉降变形、地基土盐渍化程度、软土层厚度、工期及施工环境等条件，选用适宜方法，并首选对既有路基扰动破坏小的方法。

条文说明

本细则第4章中包括了换填法、冲击碾压法、强夯法和强夯置换法、预压法、粒料桩法共5种方法，其中换填法适用范围最广，而且施工方便，对周围环境及既有路基影响小，通常将其作为首选。粒料桩法适用于深层地基处理，桩体强度基本不受盐渍土环境影响，成桩过程中的振动对周围环境及既有路基虽有影响但是不大，一般将其作为深层地基处理的首选方法。其他几种方法或存在对周围环境及既有路基影响大、或存在预压工期长等不利于拓宽改建工程实施的因素，尽量不要选用。考虑到盐渍土腐蚀性的影响，混凝土刚性桩复合地基需慎重选用。

7.4.3 拓宽路基填料除应符合本细则第5.3.1条的规定外，尚应符合下列规定：
1 既有路基性能良好时，拓宽路基填料宜采用与既有路基相同或性能更优的填料。
2 既有路基性能较差，需挖除换填时，挖除换填部分宜采用与拓宽路基相同的填料。
3 既有路基性能较差，需抬高路基时，应在拓宽之后的整幅路基上设置隔断层，隔断层之上整幅路基应采用相同的填料填筑。

7.4.4 既有路基与拓宽路基之间的衔接处理，宜采取既有路基开挖台阶、路基结合部加筋等措施，并应符合下列规定：

1 应根据既有路基的填料、压实度、稳定性等确定开挖台阶的合理尺寸。

2 台阶高度不宜大于1m；台阶宽度应根据边坡坡率确定，宜为1~2m。

3 路基结合部加筋宜在路基高度大于3m时设置，加筋材料宜采用耐腐蚀性好的高强土工合成材料。

7.4.5 拓宽路基隔断层宜采用在拓宽之后的整幅路基上通铺的方式。利用既有路基的隔断层时，应做好新、旧隔断层的搭接，并应符合下列规定：

1 新的粒料隔断层应采用与既有隔断层相同或性能更优的填料，并应在隔断层顶面沿新、旧结合部纵向铺设一层复合土工膜，其宽度不宜小于2m。

2 新的土工合成材料隔断层应采用与既有隔断层相同或性能更优的材料，新、旧材料的搭接宽度不宜小于1m。

条文说明

无论是透水性粒料隔断层还是不透水性土工合成材料隔断层，其完好性对隔断效果十分重要。既有公路的隔断层常存在污染、次生盐渍化、破损等问题，一般利用价值不大，最好废弃而在拓宽之后的整幅路基上通铺新的隔断层。当条件适宜，对旧的隔断层进行利用时，需要采取可靠措施保证搭接之后的隔断层的使用效果。

7.5 路基拓宽施工

7.5.1 施工前应截断流向施工作业区的水源，做好原地表临时排水设施，并与永久排水设施相结合，保证施工期间排水通畅。

7.5.2 既有路基边坡清理及削坡应与台阶开挖、填筑协调进行，削坡不宜一次性完成。每级边坡清理及削坡处理的高度，可按本级开挖台阶高度的2倍控制。削坡厚度不宜小于0.3m。

7.5.3 台阶开挖宜采用由下至上，逐级开挖、填筑的方法，开挖一级填筑一级。开挖台阶未及时填筑时，其暴露放置时间不宜超过3d。

7.5.4 台阶结合部分铺设的加筋材料，应深入台阶内缘采用钢筋钉固定，并及时填土覆盖，防止暴晒。

7.5.5 台阶结合部分的碾压应符合下列规定：

1 应选用重型压路机，采用静压的方式碾压；不宜采用振动压路机强振碾压。

2 当场地受限,重型压路机无法碾压,或碾压不到的边角部位,可采用小型振动压路机碾压或振动夯夯实。小型振动压路机碾压的压实厚度宜控制在 0.10~0.15m。

3 碾压遍数应较一般部位多 3~4 遍,应达到无漏压、无死角、碾压均匀。

7.5.6 隔断层施工应符合下列规定:

1 在拓宽之后的整幅路基上通铺的隔断层施工,应符合本细则第 6.3 节的有关规定。

2 新、旧粒料隔断层搭接时,既有隔断层上部覆盖填料挖除宽度应满足新、旧结合部复合土工膜铺设的要求。隔断层上部被污染时,应将污染部分挖除,挖除厚度不宜小于 0.15m,并采用新的隔断层材料回填。结合部与拓宽部分的隔断层应同步施工。

3 新旧土工合成材料隔断层搭接时,既有隔断层上部覆盖填料挖除宽度应满足搭接宽度的要求。结合部与拓宽部分的隔断层应同步施工。

7.6 拓宽改建路基排水

7.6.1 拓宽路基排水设施应与既有路基排水设施合理衔接,形成完整、有效的排水系统。

7.6.2 应在既有路基边坡开挖前进行现场调查,确认既有路基排水设施是否完好、可用;不满足要求时,应对其进行疏通、修复和改造,必要时增设新的设施。

7.6.3 应对严重堵塞无法修复的既有排水设施进行拆除或封闭处理,防止渗漏水对路基的侵蚀破坏。

7.6.4 整体式拓宽路基的路拱应与既有路基的路拱综合设计,保证路面水畅排。

附录 A 盐渍土易溶盐含量测定方法

A.1 易溶盐总量测定

A.1.1 盐渍土易溶盐测定取样应符合下列规定：
1 砾、含细粒土砾、砂、含细粒土砂类的粗粒盐渍土，应取通过5mm筛孔的风干土样不少于300g。
2 细粒土质砾、细粒土质砂类的粗粒盐渍土，应取通过1mm筛孔的风干土样不少于200g。
3 细粒盐渍土应取风干土样不少于100g。

条文说明

在《公路土工试验规程》（JTG 3430—2020）中，对盐渍土易溶盐含量的测定有成熟的方法，测试样品采用的是通过1mm筛孔以下的土样。工程实践证明，这种方法对细粒盐渍土是适宜的，对粗粒盐渍土不太适宜，因为粗粒盐渍土过1mm筛之后的样品失去了代表性。若加大筛选粒径，虽然能提高试样的代表性，但试验时易溶盐溶液的搅拌和浸出液提取有难度。通过试验研究，对于粗粒土中的砾类土，通过5mm筛的样品测定的含盐量具有较好的代表性（接近各粒径范围的平均含盐量）；对于粗粒土中的砂类土，通过1mm筛的样品测定的含盐量具有较好的代表性。因此对砾类土和砂类土分别采用通过5mm和1mm筛的样品进行易溶盐含量的测定是适宜的。根据实际样品试验数据统计，对砾类土和砂类土按其中细粒土含量细分（分出细粒土质砾和细粒土质砂），确定了各自样品测定时所对应的过筛孔径。条文中砾、含细粒土砾，砂、含细粒土砂、细粒土质砾、细粒土质砂的分类定名按现行《公路土工试验规程》（JTG 3430）执行。

A.1.2 应按土：水为1:5的比例，浸泡振荡3min制备浸出液。

A.1.3 测定方法应按现行《公路土工试验规程》（JTG 3430）中 T 0153 执行。

A.2 各项离子测定

A.2.1 氯离子（Cl^-）、硫酸根离子（SO_4^{2-}）、碳酸根离子（CO_3^{2-}）、碳酸氢根离子（HCO_3^-）的测定，应按现行《公路土工试验规程》（JTG 3430）中的下列试验方法执行：

1 碳酸根离子与碳酸氢根离子测定按 T 0154 执行。
2 氯离子测定按 T 0155 或 T 0156 执行。
3 硫酸根离子测定按 T 0158 执行。

附录 B 盐渍土溶陷系数浸水载荷试验方法

B.0.1 本方法可用于现场测定盐渍土地基的平均溶陷系数。

B.0.2 主要仪器设备应包括：承压板；加荷装置；千斤顶：量程 50t；百分表：量程 50mm；基准梁等。

B.0.3 试坑应根据工程地质勘察资料，布设在工程有代表性的路段。

B.0.4 开挖试坑的宽度不宜小于承压板宽度或直径的 3 倍。承压板的面积可采用 $0.5m^2$；对浸水后软弱的地基，承压板面积不应小于 $1.0m^2$。

B.0.5 承压板应放置在试坑中心处，其下铺设 20~50mm 厚的中粗砂垫层，并使其密实。

B.0.6 加荷装置可采用堆载平台或锚桩，并应符合下列规定：
1 堆载平台的支点或锚桩宜设在试坑以外，且与承压板边缘的净距不应小于 2m。
2 加荷装置提供的反力不应小于试验压力的 1.5 倍。

B.0.7 沉降测量装置可采用百分表与基准梁，基准梁支点宜设在试坑以外，且与承压板边缘的净距不应小于 2m。

B.0.8 浸水压力 p 应根据路堤或小型构造物荷载作用在地基内的附加压力与地基土饱和自重压力之和确定，不宜小于 200kPa；总的加荷分级不宜少于 8 级。

B.0.9 测试过程应按下列步骤进行：
1 在承压板上放置千斤顶和百分表支架，将百分表测头放置在基准梁上。
2 用千斤顶预加 10kPa 荷载以稳固承压板，1min 后卸除荷载，将百分表读数调零。
3 用千斤顶逐级加荷，每级加荷后，按间隔 10min、10min、10min、15min、15min，之后每隔 0.5h 测记一次沉降；连续 2h 内，当沉降速率不大于 0.1mm/h 时，则认为沉降稳定，可加下一级荷载，直至浸水压力 p。

4 维持浸水压力 p，向基坑内均匀注入淡水，并保持水头高为 0.3m；浸水时间根据土的渗透性确定，不宜少于 5d；当 5d 之后的沉降速率不大于 1mm/d 时，则认为变形稳定，测得相应的总溶陷量 s。

B.0.10 应按式（B.0.10）计算盐渍土地基的平均溶陷系数 $\bar{\delta}$：

$$\bar{\delta} = \frac{s}{h} \tag{B.0.10}$$

式中：s——承压板压力为 p 时，盐渍土层浸水的总溶陷量（m）；
　　　h——浸润深度（m）。

B.0.11 浸润深度可通过钻探或挖探测定地基土注水前后的含水率增量确定，宜取含水率增量 1% 对应的深度。

附录 C 盐渍土溶陷系数压缩试验方法

C.0.1 本方法可用于室内测定不扰动、形状规整的细粒盐渍土样品的溶陷系数。宜采用单线法试验，也可采用双线法试验。

C.0.2 主要仪器设备应包括：单轴固结仪；环刀；水槽；护环；透水板；加压盖板；百分表等。

条文说明

对于强、过氯盐渍土，由于土中易溶盐含量很高，浸水后的溶陷量可达试样高度的1/4，即溶陷系数在25%以上。因此，为使土样中的易溶盐充分溶解，保证溶陷试验过程的完整性，建议试验采用内径79.8mm（面积50cm^2）、高度40mm的大环刀。由于环刀高度增大，水槽的高度也需要由原来的45mm增大到70～80mm；水槽高度的增大还可以防止易溶盐结晶溢出腐蚀仪器设备。此外，量测溶陷变形的百分表最好采用50mm大量程百分表，以保证试样的溶陷量不超量程。

C.0.3 浸水压力 p 应根据路堤或小型构造物荷载作用在地基内的附加压力与地基土饱和自重压力之和确定，不宜小于200kPa。

条文说明

由于试验测得的盐渍土溶陷系数与试验浸水压力有关，所以合理确定试验的浸水压力是很重要的。理论上来讲，浸水压力需要根据路堤或小型构造物荷载作用在地基内的附加压力与地基土饱和自重压力之和确定，但由于设计方案上的一些不确定因素，可能导致该压力难以确定，此时采用200kPa即可。由于从双线法压缩与溶陷变形曲线上可以确定任意浸水压力下的 Δh_p，所以在事先无法确定试验浸水压力的情况下，采用双线法试验是适宜的。但是，单线法比双线法更能反映盐渍土浸水溶陷的实际情况，通常情况下以单线法作为标准试验方法。

C.0.4 单线法试验过程应按下列步骤进行：

1 用环刀切取试样，装置到由水槽、护环、透水板、加压盖板等组成的固结容器内。

2 将固结容器置于固结仪的加压框架下，使加压盖板上的钢珠对准加压框架的正中；将百分表测头放置在加压框架上。

3 预加 1.0kPa 荷载使试样和仪器各部紧密接触，将百分表调零，然后去掉预压荷载。

4 加荷分级：0～200kPa 每 25～50kPa 为一级；大于 200kPa 后每 50～100kPa 为一级。每级加荷后，立即测记一次百分表读数，之后每隔 1h 读记一次；当变形速率不大于 0.01mm/h 时，则认为变形稳定，可加下一级荷载，直至浸水压力 p。此后可再施加一级荷载 100kPa，至变形稳定为止。

5 维持浸水压力 p，向水槽内注入纯水，水面与护环顶面齐平或稍低于护环顶面即可。注水之后每隔 2h 测记一次百分表读数，24h 后每天测记 1～3 次，直至每 3d 的变形不大于 0.01mm 为止。

C.0.5 双线法应采用两个相同的不扰动盐渍土试样，一个试样不加水逐级做压缩试验，另一个试样在天然湿度下施加第一级荷载后浸水，待浸水变形稳定后再分级加荷，直至试样在各级荷载下浸水变形稳定为止。加荷分级和变形稳定标准与单线法相同。

C.0.6 应绘制各级荷载 P 作用下试样压缩与溶陷变形量 Δh 与 P 的关系曲线，如图 C.0.6-1 和图 C.0.6-2 所示。

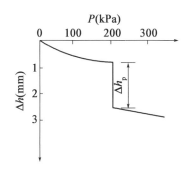
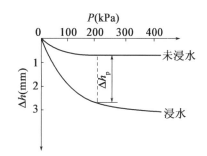

图 C.0.6-1 单线法压缩与溶陷变形曲线　　图 C.0.6-2 双线法压缩与溶陷变形曲线

C.0.7 应按式（C.0.7）计算试样的溶陷系数 δ：

$$\delta = \frac{\Delta h_p}{h_0} \quad (C.0.7)$$

式中：Δh_p——浸水压力 p 作用下试样浸水前后压缩与溶陷变形的差值（mm）；

h_0——试样原始高度（mm）。

附录 D 盐渍土溶陷系数密度试验方法

D.0.1 本方法可用于室内测定不扰动、形状不规整的砂类土及粉质土盐渍土样品的溶陷系数。

D.0.2 主要仪器设备应包括：烘箱；天平；2 000mL 量筒；带有熔蜡加热器的蜡封设备；容积 1 000mL 金属圆筒：内径 100mm、高度 127mm；振动叉：两端击球应等量；击锤：锤质量 1.25kg、锤底直径 50mm、落高 150mm。

D.0.3 盐渍土试样的干密度宜采用蜡封法测定，试验应按下列步骤进行：
1 选取代表性土块试样，土块大小以能放入量筒内且不与量筒内壁接触为宜；将土块表面浮土及尖锐棱角清除，系上细线，称取其质量 m_0。
2 将蜡熔化，蜡液温度以蜡液达到熔点之后不出现气泡为准。
3 持线将试样徐徐浸入蜡液中，待全部沉浸后立即将试样提出；检查试样周边的蜡膜，当发现有气泡时用热针刺破，再用蜡液补平。冷却后称取蜡封试样质量 m_w。
4 将蜡封试样吊在天平的一端，并使试样浸没于盛有纯水的量筒中，测定试样在纯水中的质量 m'，并测量纯水的温度 t。
5 取出试样，擦干蜡面上的水分，再称取蜡封试样的质量；当试样的质量增加时，另取试样重新试验。

D.0.4 应按式（D.0.4-1）、式（D.0.4-2）计算试样的湿密度 ρ_0 和干密度 ρ_d：

$$\rho_0 = \frac{m_0}{\dfrac{m_w - m'}{\rho_{w1}} - \dfrac{m_w - m_0}{\rho_w}} \quad (D.0.4\text{-}1)$$

$$\rho_d = \frac{\rho_0}{1+w} \quad (D.0.4\text{-}2)$$

式中：m_0——试样质量（g）；
  m_w——蜡封试样质量（g）；
  m'——蜡封试样在纯水中的质量（g）；
  ρ_{w1}——纯水在温度 t 时的密度（g/cm³）；
  ρ_w——蜡的密度（g/cm³），应实测，通常采用 0.92g/cm³；
  w——试样的含水率（%）。

D.0.5 盐渍土试样的最大干密度宜采用振动锤击法测定，试验应按下列步骤进行：

1 将上述试样剥去蜡膜，之后用蒸馏水充分浸泡、淋洗 1~2d，洗去土中的盐分，再将去盐后的试样风干。

2 将风干试样碾碎、拌匀，分 3 层倒入金属圆筒进行振击，每层试样为圆筒容积的 1/3；用振动叉以每分钟往返 150~200 次的速度敲击圆筒两侧，同时用击锤于试样表面每分钟锤击 30~60 次，直至试样体积不变为止。

3 待最后 1 层试样振击完毕，取下护筒，刮平试样，称取圆筒和试样的总质量，计算试样质量；再根据试样的体积，计算最大干密度 ρ_{dmax}。

D.0.6 应按式（D.0.6）计算试样的溶陷系数 δ：

$$\delta = K_G \frac{\rho_{dmax} - \rho_d(1 - X)}{\rho_{dmax}} \quad (D.0.6)$$

式中：K_G——经验修正系数，可取 0.85~1.00；
　　　X——试样的含盐量（%）。

附录 E 盐渍土盐胀系数试坑观测试验方法

E.0.1 本方法可用于现场测定盐渍土地基的平均盐胀系数。

E.0.2 主要仪器设备应包括：水准仪；因瓦尺；地面观测板：宽度或直径 0.5m、厚度 10mm 钢板；带读尺的深层观测标杆等。

E.0.3 试坑应根据工程地质勘察资料，布设在工程有代表性的路段；试坑周围的地面应平整。

E.0.4 应沿试坑四周砌筑高度 0.3m、面积不小于 4m×4m 的围水墙，并在其中心安放地面观测板。

E.0.5 深层观测标的设置应满足下列要求：
1 在以试坑中心点为圆心、直径 1.2~1.5m 的圆周上呈 180°（60°）角标记 2 点（3 点）作为一组深层观测标的平面位置。
2 在 3m 深度范围内，每隔 0.5m 作为一组深层观测标的埋设深度。
3 在标记位置采用钻机成孔（$\phi 108mm$）至所要求的深度，将带有底盘（$\phi 60$~$\phi 80mm$）的深层观测标杆安放于孔内。标杆外面套上 PVC 管，用中粗砂将 PVC 管外部与钻孔之间的空隙回填密实。

E.0.6 观测试验宜在 11 月至次年 3 月、地温变化大的时间开展，并应按下列步骤进行：
1 在试验区范围内均匀注水，直至地基土浸水深度超过 1.5 倍的标准冻结深度为止；同时对地面观测板和深层观测标进行沉降观测，直至沉降稳定。地面观测板的沉降采用水准仪与因瓦尺观测；深层观测标的沉降采用水准仪与观测标杆上的读尺观测。
2 进行停止注水后的变形观测，每日观测 2 次，分别于早上 6：00 和下午 15：00 进行，直至盐胀变形趋于稳定。

E.0.7 应将不同深度处的测点位移逐日汇总，并绘制如图 E.0.7 所示的现场盐胀试验曲线图；应根据该图按下列方法确定总盐胀量 z 及有效盐胀区深度 d：
1 总盐胀量取地面观测板所观测到的盐胀位移最大值。

2 观测时间范围内，若某深度处的土层及该层以下的土层均无盐胀导致的向上的位移，则取该层到地表的距离为有效盐胀区深度。

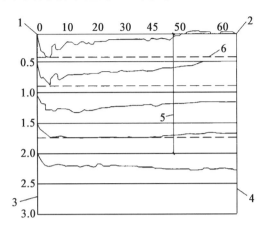

图 E.0.7 现场盐胀试验曲线图

1-停止注水；2-观测时间（d）；3-地层深度（m）；4-测点位移（mm）；
5-有效盐胀区深度（mm）；6-总盐胀量（mm）

E.0.8 应按式（E.0.8）计算平均盐胀系数 $\bar{\eta}$：

$$\bar{\eta} = \frac{z}{d} \qquad (E.0.8)$$

式中：z——总盐胀量（mm）；
d——有效盐胀区深度（mm）。

附录 F 盐渍土盐胀系数路段观测试验方法

F.0.1 本方法可用于现场测定既有公路路基的平均盐胀系数。

F.0.2 主要仪器设备应包括：水准仪；因瓦尺；卷尺等。

F.0.3 试验路段应选择路面及盐胀破坏状况有代表性的下列三段：
1 路面平整，无盐胀现象；
2 路面开裂，有盐胀现象；
3 路面开裂及鼓包，盐胀严重。

F.0.4 应在每个路段上用卷尺丈量 20~30m 的长度范围，并在该范围内按纵向间距 1.5m、横向间距 1.0m 的密度均匀布设观测点（可打入射钉作为观测点）；每段的观测点数量不宜少于 100 个。布点工作应在入冬前平均气温不低于 10℃ 之前完成。

F.0.5 观测点布好后，宜用水准仪测量一次高程，作为盐胀前的平均高程 S_0。此后，在 11 月至次年 3 月的时间段内，宜每月测量 1~2 次，确定平均最大盐胀高程 S_{max}。有条件时，观测可持续 3 个冬季以上。

F.0.6 应按式（F.0.6）计算路段的平均盐胀系数 $\bar{\eta}$：

$$\bar{\eta} = \frac{z}{d} = \frac{S_{max} - S_0}{d} \tag{F.0.6}$$

式中：z——总盐胀量（mm）；
S_{max}——平均最大盐胀高程（mm）；
S_0——盐胀前平均高程（mm）；
d——路基有效盐胀区深度（mm）。

条文说明

路段观测得到的盐胀系数是一个综合值，该值与观测路段路基的含盐性质、含盐量、含水率及既有路面厚度有关，所以对每个路段在观测期间进行 1~2 次挖探调查和取样试验，确定路段工作状况，综合论证盐胀系数的取值。

F.0.7 路基有效盐胀区深度是路基土体内硫酸盐在土内温差影响下产生盐胀的深度，宜根据当地经验确定或取1 500~2 000mm。

本细则用词用语说明

1 本细则执行严格程度的用词，采用下列写法：

1）表示很严格，非这样做不可的用词，正面词采用"必须"，反面词采用"严禁"；

2）表示严格，在正常情况下均应这样做的用词，正面词采用"应"，反面词采用"不应"或"不得"；

3）表示允许稍有选择，在条件许可时首先应这样做的用词，正面词采用"宜"，反面词采用"不宜"；

4）表示有选择，在一定条件下可以这样做的用词，采用"可"。

2 引用标准的用语采用下列写法：

1）在标准总则中表述与相关标准的关系时，采用"除应符合本细则的规定外，尚应符合国家和行业现行有关标准的规定"。

2）在标准条文及其他规定中，当引用的标准为国家标准和行业标准时，表述为"应符合《××××××》（×××）的有关规定"。

3）当引用本标准中的其他规定时，表述为"应符合本细则第×章的有关规定"、"应符合本细则第×.×节的有关规定"、"应符合本细则第×.×.×条的有关规定"或"应按本细则第×.×.×条的有关规定执行"。